ZÜRICH Wil Herisau Trogen Gais Wattwil Schwellbrunn Appenzell Schwägalp Uznach Ricken Nesslau Säntis Rietbad Iltios V. Buchs Siebnen Einsiedeln Innerthal Sargans Ragaz Seewis St.Antonien Platz Samnaun Alpthal Oberiberg Vorauen Weisstannen Glarus Weinberg chiessen Flüelen Linthal Vättis Reichenau Valzeina Küblis Ftan Schul berg Brigels Ilanz Flims Chur Davos Taras nal Amsteg Bristen Tavanasa Versam Tschiertschen Flüela P. Sus Disentis Obersaxen Tenna Thusis-heide Lenzer Wiesen Sertig D. Zernez Ofen P. Mün Rumein Sufien Tiefen castel Alvaneu Bad Sta.Maria Göschenen Vrin Andeer Albula Umbra Sil dmen Vals St. Moritz dermatt Thalkircho Splügen Julier P. Silvaplana La Rösa Furka Lukmanier S. Bernardino Bernina Hospiz P. Gotthard Airolo Splügen Cresta Maloja Poschiavo Bedretto Acquarossa P. Soglio Bondo Viano Fusio Pian Segno Rossa Chiavenna Castasegna Tirano Fornàa Sonogno Bignasco Grono Cevio Mte Brè osco Gordola Bellinzona Gurin Spruga Magadino Bidogno Locarno Indemini Tesserete Bogno Menaggio Astano Lugano ossola Magliaso Agra Melide Morcote Chiasso

Bauern am Berg

Bauern am Berg

Didier Ruef · Ulrich Ladurner

Vorwort von Maurice Chappaz
Mit Beiträgen von Jon Mathieu und Peter Rieder

Offizin Verlag

Dank

Der Fotograf, die Autoren und der Verlag danken folgenden
öffentlichen und privaten Institutionen und Sponsoren für die
grosszügige Unterstützung und Förderung dieses Werkes:

– Pro Helvetia, Schweizer Kulturstiftung
– Fonds Rapin de l'Etat de Genève
– Loterie romande
– Conseil de la culture du Canton de Valais
– Stato e Cantone del Ticino
– Pro Grigioni italiano
– Erziehungs-, Kultur- und Umweltschutzdepartement
  Graubünden
– Oertli-Stiftung, Zürich
– Zentralverband schweizerischer Milchproduzenten, Bern

Für die Förderung seiner Arbeit am Projekt dankt der Fotograf
folgenden Institutionen:

– Pro Helvetia, Schweizer Kulturstiftung
– Département de l'instruction publique de l'Etat de Genève,
  M. Jean-Pierre Ballenegger, Mme Simone Lachavanne
– Département des affaires culturelles de la ville de Genève,
  M. Alain Vaissade
– Kodak S.A., M. Jean-Pierre Jost
– Ilford Imaging Switzerland GmbH

*Wir danken allen Frauen und Männern und ihren Familien, die uns ihre Türen
und Herzen geöffnet haben. Sie haben uns mehr gegeben, als wir ihnen bringen
konnten.*
*Ich danke meiner Frau Carla für ihre Liebe, Hilfe und ihre Kritik. Unserer kleinen
Tochter Micaela gebe ich einen grossen Kuss. Herzlich danke ich auch meiner
Mutter und Pierette, meinen Grosseltern Ariane und Guy Behles sowie all denen,
die unser Projekt unterstüzt haben: Jean-Michel Besson, Marc Bundi, Dominique
Cerutti, Michel Chevallier, Glenn Davis, Caty Day, Charles-Henri Favrod,
Heinz Feuz, Jean-François Furrer, Enrico Gastaldello, Alain Grandchamp,
Anne-Marie Grobet, Patrizia und Tobias Guggenheim Eichelberg, Thomas Kern,
Isabelle Meister, Milena und Jacques Menoud, Maria Merlo Eichelberg,
Joseph Rodriguez, Gilbert Roessli, Benjamin Roessli, Gino Orietti, Kathi und
Andreas Würsch Wydler, Anna Wydler, Fabio Zanetti.*
                                        Didier Ruef

Das Buch möchte ich Susanne und Carmen widmen.
                                        Ulrich Ladurner

Ein menschliches Maß

Maurice Chappaz

Was ist er, der «kleine Bauer» am Berg?

Ein letzter Mohikaner?

Die bäuerliche Lebensform im mittleren Alpenbogen, im Knoten der Flüsse zwischen Ramuz und Gotthelf, Zoppi und den Bibeln Rätisch Bündens, dem Land mit Kultur und Gebräuchen, eigener Sprache, liedhaften Gesten: es gibt sie nicht mehr.

Hier soll dargestellt werden, was sich im Alltag müht, ungefiltert, ohne Disneyland. So wie man's sieht und hört. Noch hab ich Ramuz' Ausruf im Ohr: «Wie hat dies Land doch zwei Gesichter!» Er betrachtete den Hügel von Lens im Mittelwallis, als ein Gewitter heraufzog; der Hügel wurde im Schlaglicht zu einem, ja zu *dem* Kalvarien-berg, zum Ort der Passion zwischen Windstoß, Wolke und Schatten. Wie der Berg, so die Menschenseele: beides unfaßlich. Und doch eine Gegenwart.

Der Reporter legt uns gleich auf Handgreifliches fest, weil er Lügen vermeiden will. Vereinfachungen sind von Übel, und man soll vor allem nicht «vermarkten». Das ist der Ehrlichkeit Anfang.

So schreibt sich's auf der Kühlerhaube, wenn man unterwegs einmal anhält und ißt. Und so steigen wir mit Lydia, der Bäuerin, hinauf zur Alp von Chemeuille.

Der Bergbauer ist nie einzeln aufgetreten, sondern in der Gemeinschaft. Heute gibt es ein paar verstreute Bauern *am Berg*, und das ist nicht dasselbe. Sie leben nicht mehr ausschließlich vom Berg, aber sie sichern den Fortbestand und die Echtheit von Produkten wie Milch, Fleisch, Heilpflanzen, Biogemüse. Sie erfüllen damit ein drin-gendes Bedürfnis der Stadt, die zum Ursprünglichen zurückwill und den Fortschritt da bremst, wo er ihr zur Falle wird – so wie sie selbst dem Berg zur Falle geworden ist.

Bei uns hat die Gemeinde den Staat geschaffen und dabei allen Strukturen ihren Geist von Freiheit und Gleichheit vererbt, dergestalt, daß man in der jetzigen Globalisierungswelle die Demokratie für untauglich hält. Technokratie wäre besser… «Der im Gebirge so gut vertretene "Bauernstand" wuchs mehr und mehr in die Rolle eines geistigen Kerns der Nation», bemerkt Jon Mathieu. Er tat dies so sehr, daß Victor Hugo nicht nur in beschwingten Versen unsere kuhmelkende Freiheit pries, sondern vorwegnehmend ausrufen konnte (ich zitiere in meinem Maiensäß, wo noch ein paar Tiere grasen, aus dem Gedächtnis): «Die Schweiz wird in Europa das letzte Wort haben.»

Es ist denn auch wichtig, daß es neben den naturnahen Gütern, mit denen uns die letzten Bergbauern segnen, noch den «bäuerlichen Menschen» gibt, nicht nur den «Vorzeigebauern», einen Monsieur Valais im Sold des Tourismus. Wir haben zu wählen zwischen der Quantität von Olympia, von Freizeit überhaupt – und einer Qualität der Seele, des *Seins*, des Gebens, physisch und moralisch.

Die angeblichen «Indianerreservate», die paar noch verbliebenen kinderreichen Familien, die sich zäh behaupten, die alten, einsamen Eheleute von schwermütigem Lebenswillen: sie werden nicht auf Kommando zu Gärtnern des Lächelns, selbst wenn die Landschaft ihretwegen, unter ihren Händen noch, in Frische gedeiht.

Der bäuerliche Mensch…

Menschen wie jene, die ein Gut übernehmen und hinüberretten, Teams, die eine Alp modernisieren, Typen, die aus der Stadt zurückkehren, wo sie Beamte, Arbeiter, Außenseiter oder gesuchte Experten waren. Mir selbst sind im Seitentälchen von Réchy Schafhirtinnen begegnet, mit dem Diplom einer hohen Pariser Schule im Rucksack.

«Ob wir heil über die Runden kommen?» fragen sie sich ab und zu.

Weder schwere Hotel-Artillerie noch museale Erstarrung sind da ein Ausweg.

Und wir selbst: entrinnen wir der Katastrophe? Oder geraten auch wir in die blinde Gasse, wo die Kultur der Masse stockt, allen Werten entfremdet, ein Spielball der Wirtschaft?

Am sichersten, am brüderlichsten wäre, wenn jeder von uns, Manager inklusive, für seinen Teil der Wahrheit wieder zum «Bergbauern» würde – und dabei eines zurückgewänne:

das Maß.

Maurice Chappaz

Evolène, Val d'Hérens

Jean-Luc, Lydia, Jean, Pierre, Philippe und Marc

Jean-Luc nimmt den Schubkarren und schiebt ihn an den Kühen vorbei. An der Stirnseite des Stalls stellt er ihn ab und schüttet Futtermittel hinein. Die Kühe hören das blecherne Rieseln. Jean-Luc schaufelt ihnen Futter vors Maul, und Leben kommt in die Tiere, ein nervöses, ungeduldiges Scharren, ein rhythmisches Wiegen der Köpfe knapp über dem Boden. Ketten klirren. Der graue Beton färbt sich dunkel vom heissen Atem der Kühe. Der Stall füllt sich mit schnaubender Gier, bis er ganz prall ist. Als Jean-Luc am Ende angekommen ist, blickt er auf die Reihe seiner Kühe. Sie sind zusammengewachsen zu einem schwarzen, dampfenden Körper.

Lydia hat inzwischen die Melkmaschine an den Euter der ersten Kuh angeschlossen. Während die Kuh frisst, saugt ihr die Maschine die Milch ab. Jean-Luc steigt zum Heuboden hoch. Durch eine quadratische Öffnung wirft er das Heu in den Stall. Feiner Staub steigt auf. In dem Schleierlicht wippt die weisse Mütze von Jean-Luc wie ein Schiffchen im schmutzigen, ruhigen Meer.

Nasskalte Luft strömt durch das Fenster der Hütte. Vom Tal unten steigt Nebel hoch, und am Himmel hängt silbrigweiss die Morgensonne. Es ist zu kalt für die Jahreszeit, zu kalt für Arbey im Juni.

Jean-Luc hat sich das Hemd noch nicht übergezogen, der Bart fällt auf seine bleiche Brust. Er dreht das Radio auf: «Baby, put my light on fire», singen die Doors, und Lydia schlüpft aus dem Bett. Er zieht sich die Gummistiefel über und geht hinunter in den Stall, während Lydia Holzscheite anzündet und einen Kessel Wasser über das flackernde Feuer stellt. Die neun Kühe müssen noch gemolken werden, bevor der Aufstieg beginnt. Die anderen Tiere sind bei Marc im Stall, einen Abhang weiter oben. Wenn Jean-Luc ihre Glocken hört, weiss er, dass sie bereits auf der Weide sind.

Lydia hat Pulverkaffee, Schnaps und Zucker auf den Tisch gestellt. Radio Suisse Romande bringt Nachrichten. Die bosnischen Serben kündigen die Einrichtung eines eigenen Kriegsverbrechertribunals an, und Frankreich besiegt bei den Fussball-Europameisterschaften Holland. Jean-Luc kommt vom Stall zurück, giesst Wasser in seine Tasse und greift sich ein Stück Käse aus der Tischschublade. Heute ist Alpaufzug, ein grosser Tag für ihn: der Kampf der Kühe steht bevor.

Die Kühe aus dem Val d'Hérens sind weit über die Schweiz hinaus bekannt. An der Einfahrt zum Tal steht ein Denkmal für sie, zwei Tiere, die mit den Stirnen aufeinander prallen. Manche reisen von weit her, um sich die alljährlich stattfinden Kuhkämpfe anzuschauen. Die kleinwüchsigen, schwarzen Kühe haben es Wohlhabenden angetan. Mancher Architekt und Anwalt hält sich eine Kuh - zum Spass, und in der vollsten Überzeugung zum Erhalt der schweizerischen Landwirtschaft beizutragen. Folklore.

11

Die Kühe der Eringer Rasse geben im Vergleich zu anderen wenig Milch: sie sind nicht produktiv. Aber Jean-Luc kümmert das wenig, er liebt diese Tiere. Er ist ein Aficionado.

Er lockt die Kühe mit trockenem Brot und ruft sie mit den immer gleichen Worten. Zögernd folgen sie ihm. Oben am Ausgang von Arbey, auf einer steilen Wiese, die zu einem kleinen See abfällt, hält Jean-Luc an. Vom Hang herunter steigen drei Kühe, ihnen folgt ein in gelbes Ölzeug gekleideter Junge. Pierre, Jean-Lucs neunjähriger Sohn. Regen fällt in Schnüren, und am Waldrand verfangen sich Nebelfetzen. Der Aufstieg nach Chemeuille beginnt.

Zuerst geht es über eine Schotterstrasse, über immer grösser werdende Steinbrocken hinweg, bis zu einer Holzbrücke hinter der ein schmaler Weg durch den Wald führt. Plötzlich biegt Jean-Luc ab, nimmt mit kräftigen Schritten die Steigung in den Hang. Das Gras steht kniehoch. Die Kühe folgen widerwillig, geraten immer wieder mit den Hörnern aneinander. Jean-Luc und sein Knecht fahren dazwischen und trennen sie. Noch ist ihre Zeit nicht gekommen, sie sollen ihre Kräfte sparen. Nach einer Stunde verschluckt der Nebel alles: das Tal, die umliegenden Berge; die Tiere sind als Schattenrisse erkennbar, und ihre Glocken klingen gedämpft durch das Rauschen des Regens.

Jean-Luc setzt sich ins Gras. Eine Schnapsflasche geht herum, auch sein Sohn trinkt. Er liegt keuchend im nassen Gras, die Brille ist verrutscht, und seine Wangen leuchten rot. Plötzlich reisst die Nebelwand auf, und Gestalten werden sichtbar, die sich, auf Stöcke gestützt, den Abhang hocharbeiten, hinter ihnen eine Gruppe von Kühen. Jean-Luc ruft nach ihnen, neckt die schwitzenden Bauern auf dem Weg nach Chemeuille. Der Regen wird zu Schnee.

Chemeuille. Ein grosser Stall und ein kleines Haus mit zwei Räumen. Die Bauern treiben die Kühe in den Stall. Die Tiere brüllen markerschütternd, verkeilen sich ineinander, und werden schliesslich angekettet. Manche von ihnen wollen trotz Ketten, kämpfen, und ihre Besitzer fahren dazwischen mit Geschrei und Stöcken, die sie ihnen auf Kopf und Rücken schlagen.

Lydia ist mit dem Auto nachgekommen. Sie packt Käse, Schinken und Brot aus, legt es auf die Motorhaube. Jeder, der sich zur Runde gesellt, greift zu. Das Warten hat begonnen.

An der Stalltüre werden die Kampflisten angeschlagen. 122 Kühe sind aufgeboten, elf gehören Jean-Luc. Zwei Männer gehen mit Farbtöpfen in den Stall und bemalen die Flanken der Kühe mit grossen, weissen Zahlen. Nummer sechs streckt den Kopf und presst einen langanhaltenden Ton aus sich heraus, als würde sie vor Kraft und

Verzweiflung platzen. Sie verstummt, saugt Luft in ihren Bauch, der anschwillt und stösst in kurzen Abständen Klagelaute aus. Jean-Luc greift in die Tasche und holt ein Schmirgelpapier hervor, das über ein Stück Holz gespannt ist. Er reibt seinen Tieren die Hörner blank und die Hornspitzen stumpf.

Kurz vor fünf wird der Regen, den der Wind quer über Chemeuille bläst, zu Eis. Die Kühe werden auf die abgezäunte Kampfwiese getrieben, die übersät ist mit Erdlöchern vom letzten Jahr. Die Tiere bohren ihre Hörner hinein und schleudern Erdklumpen und Grassoden durch die Luft. Feuer ist in ihren Augen. Ihr Brüllen ist tief und rauh. Zwischen seinen Tieren steht Jean-Luc im offenen Anorak, einen grünen Filzhut auf dem Kopf, gestützt auf einen Stock, und versucht sie davon abzuhalten, aufeinander loszugehen. Wenn es doch dazu kommt, springt er behende zur Seite. Er weicht den gespannten Körpern aus, die mit Gewalt zusammenkrachen. Ein dumpfer Aufprall. Aus dem Maul trieft Speichel. Jean-Luc geniesst den Anblick.

Es kommt heute nicht zum Wettkampf. Die Veranstalter brechen ab. Es ist zu kalt.

Jean-Luc wohnt mit seiner Famile in Evolène. In seinem Wohnzimmer hängen Fotos von seinen erfolgreichen Wettkämpfen. Er legt eine Videokassette ein. Die Aufnahme stammt aus dem Jahr 1995. Damals hatte er den ersten Preis in Chemeuille gewonnen. Seine Kuh tritt an, und Jean-Luc, der dieses Video wahrscheinlich schon hundertmal gesehen hat, rutscht nach vorn auf die Kante des Sofas. Er schlägt mit seiner Hand kräftig auf meinen Oberschenkel. Da ist sie! Als seine Kuh den Kopf senkt und ganz plötzlich auf ihre Gegnerin losgeht, haut Jean-Luc mir mit der Faust gegen die Schulter: Da, da! und das geht so weiter mit jedem Angriff seiner Kuh, ein Schlag gegen meine Schulter. Und: Schau, jetzt! Schau, jetzt! Ich schaue, aber die genaue Bedeutung der Einzelheiten des Zweikampfes bleibt mir verborgen, ich sehe nur, wie seine Kuh ihre Gegnerin rückwärtsschiebt. Ich sehe nicht, was Jean-Luc sieht, der nun, wo die andere Kuh geschwächt ist, aufgeregt vom Sofa aufspringt und sich wieder fallen lässt. Angespannt wie seine Kuh, ganz eins mit ihrer Aggression. Am Bildschirm dagegen führt Jean-Luc seine Kuh völlig teilnahmslos, erschöpft fast von der Wiese. Warum er damals nicht ebenso aufgesprungen sei wie jetzt, warum er nicht die Fäuste geballt und laut frohlockt habe? Das wäre ein Mangel an Respekt gegenüber den anderen, meint er. Hier, in meinem Wohnzimmer, kann ich das tun. Oben macht man das nicht. Selbst dann nicht, wenn man gewinnt.

Marc tritt vor die Tür seiner Hütte. Auf der gegenüberliegenden Talseite richtet der gewaltige Bruch im Berg seine Felszacken auf. Ein aufgerissenes Haifischmaul, das seine Zähne in den Himmel schlägt. Dieser Anblick schüchtert ihn immer wieder ein, obwohl er ihn täglich vor sich hat. Der Gedanke, dass ein Stück dieses Berges in vorgeschichtlichen Zeiten weggebrochen ist und noch immer so wirkt, als hätte die Hand eines Riesen es in der letzten Nacht abgeschlagen, beunruhigt ihn. Alphütten krallen sich hartnäckig in den heil gebliebenen, steilen Bergrücken bis hinauf an den Rand des Abgrunds, nur auf Zeit geduldet und der Drohung ausgesetzt, sie könnten von einem Tag auf den andern in die Tiefe rutschen. Der Felssturz erinnert Marc an die Brüchig-keit seiner eigenen Existenz, und manchmal scheint ihm sein ganzes Leben nichts als ein auswegloses Kreisen im Schatten des gespaltenen Berges.

Marc löst sich aus seiner Erstarrung und stapft durch tiefen Schnee zum Stall hinüber. Seit zwei Wochen hat er keinen Menschen mehr gesehen, die schmale Strasse ist vom Schnee begraben, und niemand macht sich die Mühe, zu Fuss hochzusteigen. Das ist für Marc nichts Aussergewöhnliches. Seit Jahren lebt er allein am Berg zusammen mit Kühen und Hund. Obwohl er eine eigene Wohnung im Dorf besitzt, geht er selten hin-unter. Wenn er es tut, dann überfällt ihn nach ein paar Stunden das Gefühl, vieles unwiderruflich verpasst zu haben, weil er sich zu diesem Leben auf dem Berg entschlos-sen hat. Er bedauert es nicht, aber wenn er durch die Hauptstrasse des Dorfs geht, vorbei an dem mit schreienden Schlagzeilen behängten Kiosk, den flatternden Fahnen und dem goldgelben Brot der Dorfbäckerei, wenn er neugierig nach den Touristen schaut, und an ihren jedes Jahr bunter werdenden Kleidern den Stand der Dinge abliest, dann nimmt er Mass zwischen sich und der Welt, - und jedesmal ist die Distanz grösser. Er kann akzeptieren, dass er in eine andere Laufbahn katapultiert worden ist; über die Gründe dafür denkt er nicht nach. Er ist einfach hineingewachsen in seine Arbeit als Kuhhirt, Käser und Schlachter. Eine andere Rolle gab es für ihn in diesem Bergtal nicht. Sein unerbittliches Sich-Entfernen von den Menschen aber, das Abdriften in die Sprachlosigkeit, macht ihm zu schaffen.

Marc stösst die Tür zum Stall auf. Warme, stinkende Luft schlägt ihm entgegen. Die Kühe drehen sich nach ihm um und glotzen ihn stumm an. Marc hat mit der Zeit gelernt, den Ausdruck ihrer Augen zu lesen. Manchmal dauert es lange, bis er den Blick einer Kuh begreifen kann. Also beobachtet er das Tier, bis jene namenlose Empfindung erneut durchscheint für Sekunden, manchmal für Minuten. Mit etwas Glück fällt ihm in diesem Moment ein Wort ein, das ihm den Blick verständlich macht. So benennt er die Welt, die ihn umgibt. Heute kann er in den Augen der Kühe die Angst von der Unruhe unterscheiden, die Langeweile von tiefer Zufriedenheit. Und doch gibt es Bilder, die er mit Worten nicht fassen kann. Vor vielen Jahren sah er zum ersten Mal eine Kuh Gras fressen und gleichzeitig einen Schwall Urin lassen. Zuerst lachte er über die Schamlosigkeit, aber bald begriff er, dass ihn etwas anderes anzog, als bloss die Komik des Moments. Von der Zunge, die Gras rupfte, über den Rücken, der sich pressend spannte, bis hin zum Urin, der im Viertelkreis aus dem Körper schoss, umschrieb die Kuh einen perfekten Bogen. Schwereloses Schweben über der Erde – und doch aufs Innigste mit ihr verbunden. Und da war nichts als eine Kuh, die frass und urinierte. Sollte er darüber mit den Menschen im Dorf reden? Könnte er das einzige Wort in den Mund nehmen, das ihm dazu einfiel: Schönheit? Das erschien ihm lächerlich. Marc hatte nicht einmal den Mut, sich selbst einzugestehen, dass ihn beim Anblick dieser Kuh ein unerklärliches Glücksgefühl überkam. So trägt er dieses Bild mit sich herum wie einen wertvollen Schatz, dessen Glanz ihn verstört. Gleichzeitig gibt es ihm die Sicherheit, ein Geheimnis zu haben. Es preiszugeben, erscheint ihm gefährlich, denn es könnte seinen Zauber verlieren. So schweigt Marc und bleibt allein.

Er legt die Hand auf die Flanken einer Kuh. Ihre Muskeln zittern wie eine vibrierende Saite. Er setzt sich auf einen Schemel, lehnt den Kopf gegen die Rippen des Tiers und streichelt seinen Euter. Mit einem Zischen fährt die Milch in den Kübel.

Die Abende kommen früh und werfen ein bläuliches Licht. Marc sitzt am Tisch und schneidet Käse und Wurst in dicke Scheiben. Mit kräftigen Bissen zermalmt er das harte Brot. Sein Kopf ist ein Resonanzkörper, der jedes Geräusch in vielfacher Verstär-kung widergibt. Es knackt und dröhnt in seinen Ohren, und selbst die Luft, die er einsaugt, rauscht ihm durch den Schädel. Untem im Tal blinken die Lichter von Evolène. Marc schaut zu den Sternen hoch.

Gegen elf Uhr legt er sich auf sein Lager, hüllt sich in Decken ein und lauscht dem Nachrichtensprecher, der mit dunkler, weicher Stimme Schreckensmeldungen verbreitet. Der Schlaf kommt wie ein Rausch. Im Kopf beginnt es zu kreisen, und Marcs Gedanken kippen ins Dunkel, tauchen wieder auf aus dem Nichts als lebendige Bilder. Da sind der Bruch im Berg, der steile Hang, und Marc liegt regungslos da, die Ohren an den Boden gepresst, um zu hören, ob der Fels bebt und ihn krachend in die Tiefe reissen will.

Nach 18 Tagen ist der Weg ins Tal frei. Schon von weitem hört er den Motor, der immer wieder verstummt und lärmiger neu aufbraust. Er liest das Geräusch; Aufheulen: die erste steile Kehre, Verstummen: die Steigung durch den Wald, Aufheulen und gleichbleibendes Geknatter: die letzte Kehre und dann der gerade Anstieg zur Hütte. Er kann kaum glauben, dass dieses Brummen ihm gilt. Jetzt sieht er den Wagen. Er möchte zurück in den Stall gehen, fliehen vor diesem Menschen hinter dem Steuer, der ihn ins Fadenkreuz nimmt. Aber er bleibt stehen und greift mechanisch nach der Schneeschaufel. Hallo Marc! Hallo! Sein Bruder durchschneidet mit seinem Geschrei die wochenalte Stille. Marc geht auf ihn zu und schüttelt kräftig seine Hand. Wie gehts? In seiner Linken hält er noch die Schaufel.

Sie fahren zusammen ins Dorf hinunter. Der Bruder spricht viel, während der Wagen über die vereisten Spurrinnen rutscht. Marc schweigt. Er würde gerne reden, aber der andere ist zu schnell eingebrochen. Der Wortschwall seines Brudes erstickt ihn, und er nickt mit offenem Mund. Unten geht er in seine eigene Wohnung, duscht sich rasch und wechselt die Kleider. Die Einladungen zum Bleiben schlägt er aus. Wie ein Flüchtender packt er einen Rucksack voll und verlässt das Dorf über eine Nebenstrasse. Seine Haare sind noch feucht, als er oben ankommt.

Wenige Monate später fahren die Männer mit den Schweinen herauf. Auf dem Hang schmilzt der letzte Schnee, und die Erde hat sich mit Wasser vollgesogen. Marc tötet die Schweine schnell. Es bleibt ihnen nicht einmal Zeit für ein verzweifeltes Quieken. Er legt die toten Tiere mit Hilfe seines Bruders in heisses Wasser, schabt ihnen die Borsten ab, schneidet die Körper auf und zerteilt sie. Seine Hände sind warm vom Fleisch, von Wasser und Blut. Auf der schlammigen Erde dampfen die Eingeweide, und die Männer trinken Schnaps. Der Hund stürzt sich auf die Innereien, frisst, bis er nicht mehr kann, geht mit vollem Bauch zwischen den Männern umher, legt sich schliesslich mit glasigen Augen hin.

Je länger die Arbeit dauert, desto gelöster wird Marc, als würden ihn die toten Tiere entspannen. Er schaut auf die zerteilten Schweine, die eben noch aus dem Wagen gestiegen waren, und versucht, den Moment festzuhalten, an dem sie zu leben aufhörten, als könnte er, wenn er den Punkt ins Auge fasst, an dem das Leben in den Tod stürzt, das Sterben begreifen. Spät am Nachmittag fahren die Männer wieder ins Tal. Marc bleibt alleine zurück. Auf den grossen Holzbänken liegen die Fleischstücke. Jetzt sind sie kalt.

Im Sommer wechselt Marc wie immer zu dieser Jahreszeit die Talseite. Er geht nach Arbey auf 1800 Meter. Die Hütte, wo er in den nächsten Monaten bleiben wird, ist Arbeits- und Wohnstätte zugleich. In einer Ecke steht ein Bett mit durchgelegener Matratze, in der anderen hängt ein gewaltiger Kupferkessel über einer offenen Feuerstelle. Der Boden ist aus Beton und senkt sich zur Mitte hin, wo sich ein Abfluss befindet. Die Wände sind schmucklos. Marc hängt Jacke, Hosen und Radio an Nägel, die er in die Wand geschlagen hat. Er betrachtet die Jacke, die noch ein wenig pendelt, das Radio, die Hose, die schlaff herunterhängt; als hätte er ein Stück von sich selbst aufgehängt und stünde nun entblösst da, nichts zwischen seinem Körper und der Aussenwelt. Umstellt nur von sich selbst. Er legt sich ins Bett. Ostwärts dunkelt der Himmel.

Kreiselnd fallen Russpartikel auf die Milch. Schwarzer Schnee; geräuschlos verschluckt vom Sog der Kelle, die gleichmässig die Milch umrührt. Marcs Kopf schwimmt in bläulich-weissen Rauchschwaden, und hinter den dicken Brillengläsern tränen seine Augen. Es ist halb sieben Uhr morgens. Er hat Feuer entfacht, die frisch gemolkene Milch in den Kupferkessel gegossen und diesen mit Hilfe eines Schwenkarms aus Holz, der einem Galgen ähnelt, über die Feuerstelle gezogen. Marcs Neffe kommt mit einem Freund in die Hütte, einem schmächtigen rothaarigen Jungen. Sie schauen schweigend auf Marc, der im Rauch und Dampf nur schemenhaft erkennbar ist. Durch die beissende Wolke hindurch schickt er ein paar Worte zu den beiden Jungen. Sie antworten leise und respektvoll. Als die Milch die richtige Temperatur erreicht hat, geht Marc in die Knie und zieht den Kessel kraftvoll vom Feuer. Dann taucht er auf aus der russ-geschwärzten Ecke; rotgesichtig und schwitzend, hat er für die Kinder jeden Zauber verloren.

Mit blossen Händen fischt Marc zu kleinen Kugeln geronnene Milch hervor, um ihre Konsistenz zu prüfen. Er schliesst die Hand und zwischen den Fingern rinnt das Käsewasser ab. Als er sie wieder öffnet, dehnt sich die weisse Masse, quillt auf wie ein frischgebackener Kuchen. Er liebt diesen Moment. Marc füllt den beiden Jungen jeweils eine Tasse ab. Sie gehen hinaus und setzen sich auf einen Balken. Nachdem er den Käse in die Formen gefüllt hat, wäscht er mit einer Bürste die leeren Milchkannen, den Tisch, den Kessel. Das Wasser ist heiss. Er ist völlig von Dampf eingehüllt. Marc schwebt.

Er tritt aus der Hütte. Das gleissende Licht blendet ihn. Schweissperlen auf der Stirn, mit beschlagener Brille und tropfnassen Händen, hält er inne. Es ist Mittag, und von den Jungen keine Spur. Wenn nicht ihre leeren Tassen dastünden, würde Marc glauben, er habe geträumt. Er schaut hinüber zu dem gespaltenen Berg, aber die klaffende Wunde im Fels ist von dieser Talseite aus nicht sichtbar. Der Berg zeigt seine heile Seite, einen Rücken aus sattem Grün, eine Rampe, die in den Himmel fährt. Marc weiss, dass es eine Täuschung ist. Der Berg bricht plötzlich auseinander; das Nichts kommt in einem Atemzug.

Er wendet sich ab und geht hinunter in den Vorratsraum, in dem die Käselaibe bis zur Reifung lagern. Er nimmt einen Laib zur Hand, drückt ihn gegen die Brust und setzt das Messer an. Er atmet aus. Und dann saugt er Luft in seine Lungen und schnei-det gleichzeitig mit einem Zug einen präzis gleichmässigen Streifen des Randes ab. Alle Last fällt von ihm in diesem Augenblick, wo er das Messer am Käselaib entlangzieht.

21

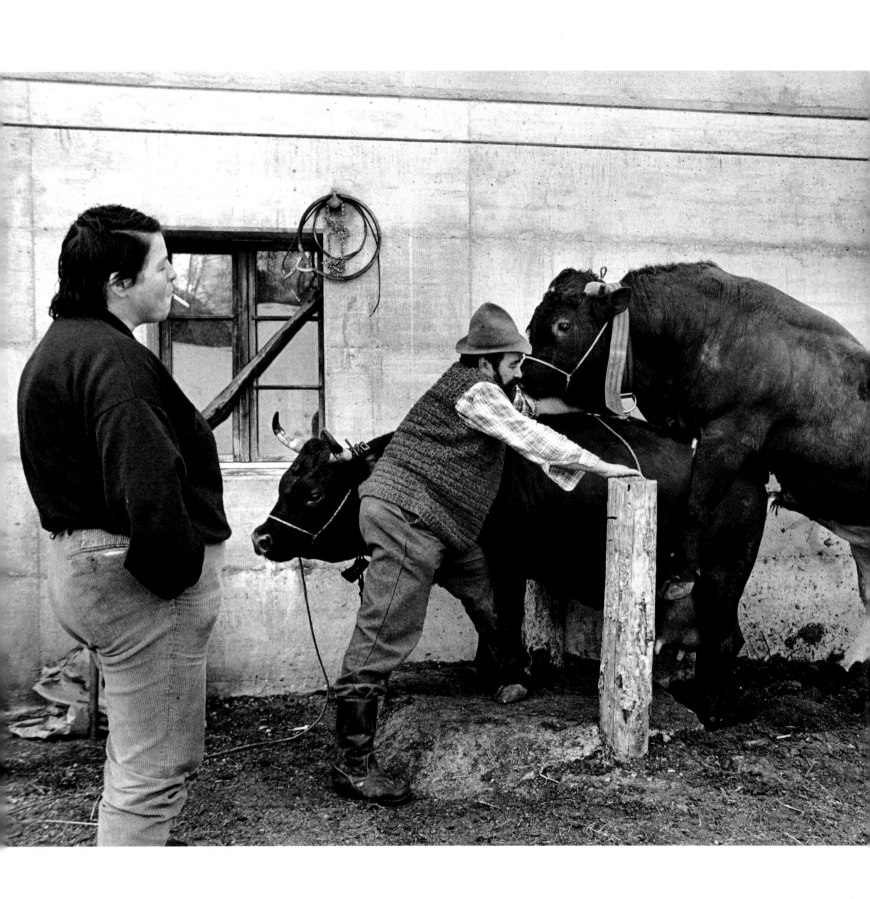

Soglio, Bergell

Nino und Emma

Corretti biegt den Zweig eines Nussbaums über seinen Oberschenkel. Der Ast ist sehr lang, sein anderes Ende wippt in der entfernten Ecke der kleinen Werkstatt auf und ab, während er ihn an der Spitze bearbeitet. Als er das Holz mit dem Daumen durchdrückt, bricht es. Corretti greift nach dem Messer, zieht den Zweig an seinen Oberkörper und schält ein neues Stück Rinde ab. Vorsichtig krümmt er den geschälten Teil, aber das Holz splittert erneut. Er schüttelt den Kopf, holt wieder das Messer vom Tisch und beginnt von vorne. Aber der Zweig will sich nicht biegen wie gewünscht. Dabei hatte Corretti den Nussbaum in den Monaten beschnitten, als er noch nicht zu viel Wasser aufgesogen hatte und die Zweige geschmeidig hätten werden sollen. Er versucht es wieder, doch zuletzt sind von dem langen Zweig wenige Spannen übriggeblieben, zu wenige für den Korb, den er damit flechten wollte. Der Rest liegt zu seinen Füssen. Bis über seine Knöchel reicht der Abfall aus Zweigen, Spänen und Rinde. Du wirst noch ertrinken! sagt seine Frau, als sie in das Zimmer kommt. Mit beiden Händen greift sie den Unrat und stopft ihn in eine Plastiktasche. Ertrinken wirst Du! Sie lächelt und geht zur Tür hinaus.

Corretti streicht über die Rinde eines neuen Zweiges, befragt ihn mit seinen dicken, aufgerissenen Händen. Die Zweige lagen zwei Tage lang im Dorfbrunnen, damit sie weich und geschmeidig würden. Er schält den Zweig und biegt ihn behutsam durch, ohne Widerstand folgt er Correttis Willen. Er flicht ihn zwischen die Stäbe, die strahlenförmig aus dem runden Holzboden ragen.

Es kommen ihm alte Bilder. Er weiss um ihre Kraftlosigkeit. Sie haben ihren Platz verloren.

Grevasalvas. Ein paar Hütten, eingebettet in eine Senke, windgeschützt, im Schatten einer mächtigen Bergkette. Das halbe Leben hat er in Grevasalvas verbracht, mit Kühen und anderen Bauern. Heute gibt es dort keine Bauern mehr - nur Touristen. Grevasalvas ist nur mehr Kulisse für ein Leben, das es nicht mehr gibt, und Corretti das Gespenst einer anderen Zeit. Aber nicht nur die Orte sind fremd geworden, selbst die Lebewesen, die sie bevölkerten, sind in ihrem Kern verwandelt.

Die Kuh lief brüllend den Hang hinunter und er ihr nach. Sie taumelte und er fürchtete, dass sie stürzen würde. Aber sie fiel nicht, rannte weiter ungelenk, schwankend, auf der Suche nach ihrem verlorenen Kalb. War das Mutterliebe, Zuneigung? Er war berührt. Heute erkennen die Kühe nicht einmal ihre Nachkommenschaft. Jedes fremde Kalb kann an ihren Eutern trinken. Sie lassen es geschehen. Gleichgültige, apathische Melkautomaten.

Es gibt keine Brücken mehr zur Gegenwart. Allein das Holz hält noch als zarte Verbindung. Die Faszination die Corretti in seiner Jugend empfunden hatte für die Genauigkeit und Konzentration der Tischler, um Gegenstände des Alltages herzustellen, die Spannung zwischen dieser Kunstfertigkeit und der Gewöhnlickeit ihres

täglichen Gebrauchs hält ihn fest. Und so flicht er und flicht, während in Soglio die
Zahl der Bauern auf drei geschrumpft ist; er flicht, und oberhalb des Dorfes
bleiben die Wiesen ungeschnitten und die Alphütten verwahrlosen. Er flicht und legt
einen Schutzmantel aus weichen, zähen Zweigen zwischen sich und die um ihn
einstürzende Welt. Das Zimmer ist voller Körbe.

Und dann kommen Tage, an denen der Morgen schwer auf Corretti drückt und er
sich nur mit Mühe aus dem Bett wälzt. Es schwirren Bilder durch seinen Kopf, Bilder,
die er am abend zuvor im Fernsehen gesehen hat. Weit entfernte Schrecken bedrängen
ihn auf seltsam gegenwärtige Weise. Er, der sein Tal nie verlassen hat, fühlt sich
hineingezogen in einen Strudel aus Grauen, umstellt von einer für ihn unverständli-
chen, aus den Fugen geratenen Wirklichkeit. Der Tod, der ihn in seinem Alter
von 84 Jahren bald erwartet, erscheint ihm an diesen Tagen nicht so schlimm – ein
Abschied von einer Welt, die nicht mehr die seine ist.

Er greift sich den Kampatsch, den Tragekorb, den er in Arbeit hat, bindet ein kräf-
tiges Seil um die Zweige und presst sie zwischen seine Füsse. Ein leises Knacken ent-
fährt dem Holz, und am Fusse des Kampatsch, splittert es auf. Er dreht das Gerät um
und prüft die verletzte Stelle. Seine Frau tritt in die Werkstatt. Das Licht, das durch
das niedrige Fenster kommt, fällt auf ihr Gesicht und lässt es noch flächiger erscheinen,
als es ist. Vornübergebeugt geht sie auf ihren Mann zu. Von der Seite her schreit sie
in sein Ohr: Hast du mich nicht gehört?! Das Essen ist fertig! Corretti murmelt
ein paar Worte, ganz gefangen von diesem Stück Holz, das sich ihm trotz aller Pflege
und Sorgfalt entzogen hat und nun, wo er seiner Frau folgt, geborsten auf dem
Boden liegt.

Oberhornalp, Lauterbrunnental

Martin

Wellen aus Eis hängen über die terrassenförmige Moräne. An ihrem äussersten Rand steht die Oberhornalp-Hütte hinter schützenden Felsen. Ein langgestrecktes Gebäude, der Stall, und darauf gesetzt eine kleine Hütte, der Wohnplatz für den Hirten Martin. Ein Tisch, zwei Bänke, Schlafplätze, ein Ofen. Draussen baumlose Landschaft, durchsetzt mit Felsplatten, der Boden bewachsen mit Gras, Sträuchern, Disteln; achtzehn Kühe, ihr Glockengeläut, einmal deutlich vernehmbar, einmal gedämpft, je nach Windrichtung, aber immer hörbar, eine nie endenwollende Kakophonie.

Morgens geht Martin in die nachtkalte Luft hinaus und ruft die Tiere. Seine Stimme trägt weit. Die Kühe stehen jenseits des Baches, in einer Mulde unter einem steil aufsteigenden Schuttkegel. Auf der dünnhäutigen Erde wuchern dicht an dicht Disteln, ein Teppich aus Stacheln, der das darunterliegende Gras bedeckt und blutige Striemen in die Mäuler der Tiere reisst. Nach der morgendlichen Melke wird Martin mit der Sense die Disteln schneiden. Er muss den Zeitpunkt gut wählen. Fällt er sie zu spät, ist der Blütenstaub längst in der Luft, und im nächsten Jahr wachsen noch mehr; kommt er zu früh, ist die Arbeit umsonst, dann wachsen sie nach. Es wird ein heisser Tag, und die geschnittenen Disteln trocknen schnell in der Augustsonne. Ihre Stacheln stumpfen ab und sie werden in den Mäulern der Kühe nicht mehr schmerzen Martin braucht das Gefühl für den richtigen Moment.

Er steht auf einem Felsen und überblickt die Kühe. Er zählt sie und steigt hinunter, um sie zum Stall zu treiben. Während er ihnen mit dem Stock leicht auf den Rücken schlägt, wirft er einen prüfenden Blick auf den Bauch der Tiere. Wenn sie junges, nasses Gras fressen, kann es passieren, dass sich ihr Pansen bläht und auf die Lunge drückt. Die Kuh erstickt dann in ein paar Stunden, wenn Martin nicht rechtzeitig etwas unternimmt. Er gibt dem Tier dann Coca-Cola, damit es seine Blähungen loswird. Hilft das nicht, muss er den Pansen aufstechen. Er stösst mit einem spitzen Gegenstand an der linken Seite des Rückens, an der Hungergrube, durch das Fell - dann zischen die Gase aus der Kuh wie aus einem leckgeschlagenen Ballon. Ein Notfall.
Er ist Martin noch nie passiert

Für eine Kuh ist der Abstand zwischen Leben und Tod schmal. Einem Kalb wurde die Zahnreihe durch einen Schlag gegen das Maul beschädigt. Seither kann es nicht mehr fressen und wächst nicht, wie es soll. Nach dem Abstieg kommt es in den Schlachthof. Billy, sagt Martin, es heisst vielleicht Billy, aber er ist sich nicht sicher. Manchmal verschluckt eine Kuh einen Nagel. Er sticht und schmerzt, und sie frisst nicht mehr. Martin kann den Nagel nicht herausholen. Es ist eine einfache Rechnung: die Kosten des Tierarztes gegen den Wert des Tieres - in den meisten Fällen verliert die Kuh.

Letztes Jahr stürzte Selma über den steilen Hang der Moräne. Bedrängt von einer Kuh, die sie von hinten bestieg, stemmte sie die Vorderbeine in die feuchte Erde, rutschte, fiel über den Felsvorsprung und blieb mit gebrochenen Rückgrat liegen. Martin fand sie erst am Tag darauf, auf den Rücken gekehrt, die Beine von sich gestreckt, der Körper unnatürlich gebläht von den Mikroben, die in ihrem Pansen immer noch arbeiteten und Gase absonderten. Selma wurde mit dem Helikopter weggebracht und im Tal verbrannt.

Martin kann gegen den schnellen Tod der Tiere wenig tun. So konzentriert er sich auf ihr Leben. Manchmal erleichtert er den Tieren das Dasein wie der fleckfelligen Bösch. Vor Tagen schlug ein spitzer Stein eine Wunde zwischen ihre Klauen. Sie humpelt immer noch und bleibt hinter den anderen Kühen zurück. Bösch blutet und frisst wenig. Abends, nach der zweiten Melke, wenn sie im Stall liegt, schmiert Martin ihr eine Salbe auf die Wunde, legt Gaze darauf und verbindet alles mit einem breiten Klebestreifen. Das hält für einen Tag. Vielleicht heilt die Wunde bis zum Abstieg im September.

Schmerz, Angst, Stress. Kühe sind empfindliche Tiere. Wenn sie geplagt werden, schiesst ihnen augenblicklich Adrenalin ins Blut. Das hemmt die Milchabgabe. Ein leiser, aber wirkungsvoller Protest.

Achtzehn Kühe sind achtzehn Individualisten. Am Bach angekommen, treibt Martin die Tiere über die schmale Holzbrücke. Gloria bleibt wie festgewurzelt am Abgrund stehen; den Kopf gesenkt, starrt sie auf das schäumende Wasser. Ihr verzweifeltes Muhen geht im Tosen der Strömung unter. Die anderen Kühe drängen sich vorbei und setzen ihre Klauen donnernd aufs Holz. Gloria bricht aus. Martin hindert sie nicht, er lässt sie am Ufer entlanglaufen, weiter hinauf zu einer flachen Stelle, die sie zögernd überquert. Auch Senta zwingt er nicht über die Brücke. Sie folgt Gloria in grossem Abstand, denn sie fürchtet sich vor anderen Kühen und bleibt immer abseits. Auf der anderen Seite des Baches angekommen, verlässt Arfe den Pfad, der direkt zum Stall führt, und steigt einen steilen Felsen hoch. Dort oben hält sie kurz inne, schaut auf die vorbeitrottenden Tiere. Dann setzt sie sich wieder in Bewegung, mit schaukelndem Hinterteil steigt sie hinunter und schliesst sich wieder der Herde an. Es ist ein täglich wiederkehrendes Ritual, dessen Ursache Martin unbekannt bleibt. Auch Dorli treibt er nicht an. Sie ist schon den sechsten Sommer auf der Oberhornalp und behauptet ihren Platz als Königin gegen junge Kühe. Sie lässt sich nicht gerne befehlen; ohne Aufforderung kommt sie in den Stall, aus freiem Entschluss. Jeden Morgen, wenn Martin käst, kommt Venus vor die Hütte und wartet. Sie liebt Käse. Martin wirft ihr ein paar Streifen zu.

Ohne je die Gründe zu erfahren, gibt Martin jedem Tier, was es braucht. Nur manchmal greift er ein, wie bei Linda und Tina, die beide die Neigung haben, Plastik zu fressen und öfters mit einem Stück Schlauch im Maul auf der Wiese stehen. Ihnen fehlen Mineralien, und Martin verständigt den Besitzer, damit er ihnen in Zukunft das richtige Futter vorsetzt.

Vierzehn Tage braucht Martin, um die Tiere, die zum ersten Mal auf die Alp kommen, kennenzulernen. Sie brauchen ebensolange, um sich an ihn zu gewöhnen. Dann geben sie bereitwillig ihre Milch, 15 Liter pro Tag. Die im Tal lachen darüber, sagt Martin. Zehn Liter, ein Spott in Zeiten der Turbokühe.

Abends, nach der zweiten Melke, trotten die Kühe aus dem Stall, hinaus in die sich ankündigende Dunkelheit. Sie laufen nicht weit, weil sich ein Gewitter zusammenbraut. Die ersten Regentropfen fallen. Die Kühe drücken sich an den Zaun, der um die Hütte gezogen ist. Beim ersten Donner zucken sie zusammen. Martin schliesst die Tür. Durch das Fenster sieht er, wie die Tierkörper zu Schattenrissen werden. Lange nachdem die Nacht das weisse Licht des Gletschers verschluckt hat und Martin in tiefen Schlaf gefallen ist, erzittert die Hütte unter heftigen Windstössen. Sie ächzt und knirscht. Die Windfahne dreht schneller und schneller, bis sie die Hütte emporhebt, über den Abgrund trägt, vorbei an Felsschründen, vorbei an Eis und stürzenden Wassern; ein fliegendes Schiff mit morschen Planken und löchrigem Deck und an seinen Seiten die Tiere; dichtgedrängt klammern sie sich fest, unsichtbar verbunden mit ihrem Hirten, dem fliegenden Kapitän, der sie noch im Schlaf sicher steuert durch die wütende Nacht.

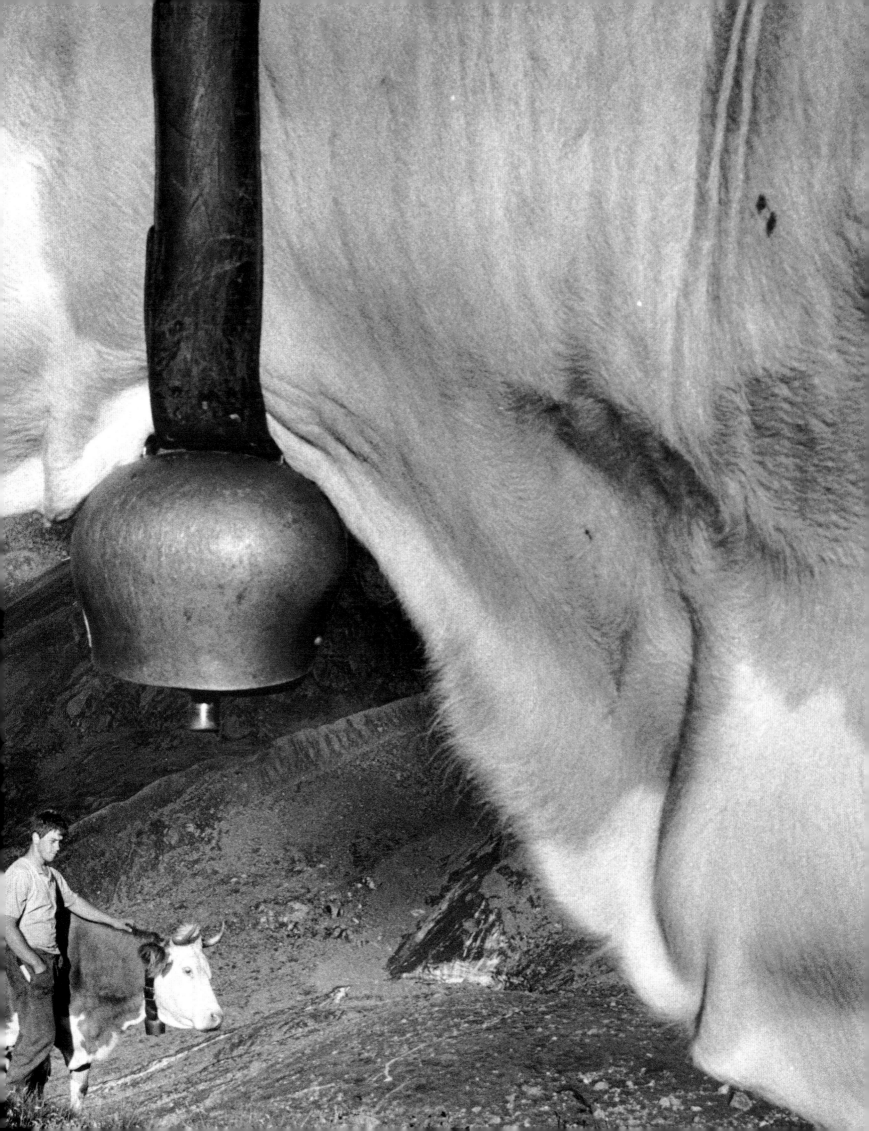

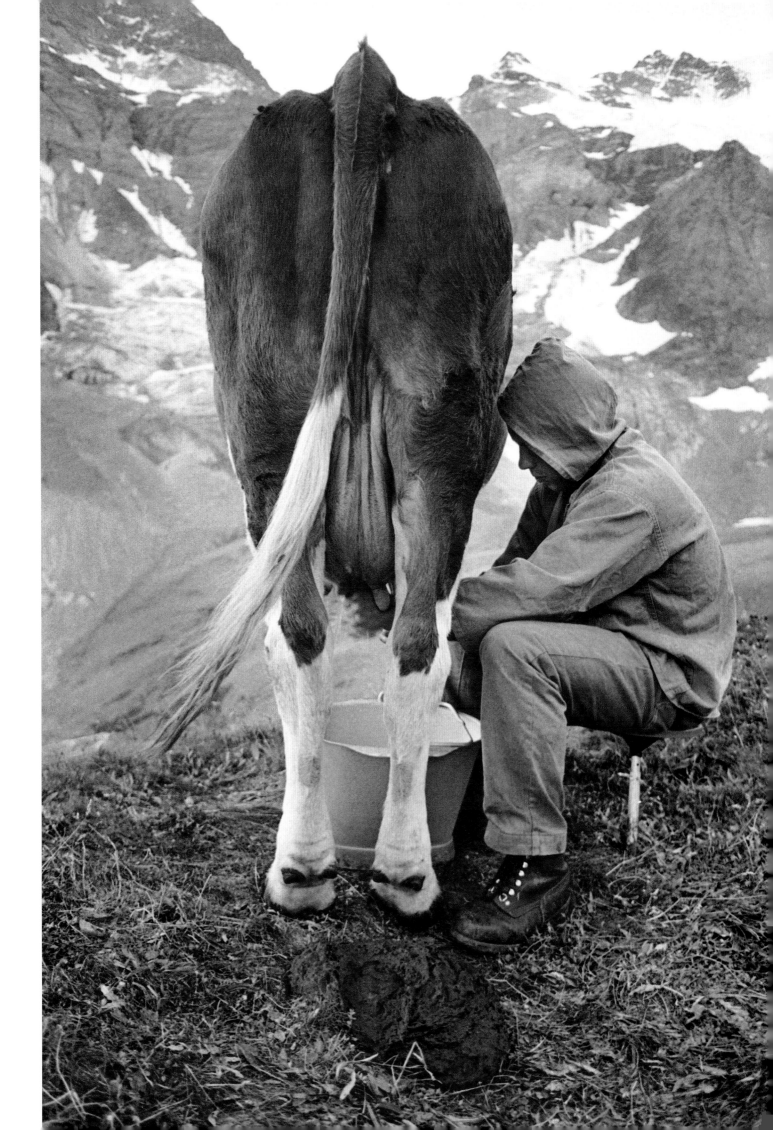

Rumein, Lugnez

Ueli, Ursula
Barbara, Samuel und Martin

Die Städter wissen genau, wie es bei den Bauern und auf dem Land aussehen soll. Wenn sie bei uns in Rumein Ferien machen, fragen sie: «Habt ihr denn keinen Hund? Zu einem Bauernhof gehört doch ein Hund!» Sie wollen ein kläffenden Hund, der an einer Kette zerrt, Geranien auf einem Holzbalkon und knotige, abgearbeitete Bauernhände. Die Kühe sollen glücklich sein, damit die Städter beim Fleischverzehr keine Bedenken haben müssen. Unglücklich ist für die Städter eine Kuh, wenn sie im Stall angebunden ist.

Seit einem Jahr können unsere Kühe im Stall herumgehen und durch zwei Türen ins Freie laufen. Es ist eine gute Einrichtung. Die Städter sehen aber nicht, was das für uns bedeutet. Die Kühe sind glücklicher, wenn sie nicht angebunden sind, für uns aber gefährlicher. Daran denken die Städter nicht. Warum sollten sie es auch tun? Nur das Fleisch kommt auf ihren Teller, der Bauer bleibt auf seinem Hof; für die Städter existiert er nur als Teil einer Landidylle.

Selbst die glücklichste Kuh muss einmal zur Schlachtung. Manchmal müssen wir eine Kuh festbinden, um sie zu untersuchen. Sie ist das nicht gewohnt und wehrt sich. Als mein Mann Ueli letzte Woche die Sissy zum Klauenstand bringen wollte, hat sie ihm mit dem Horn einen heftigen Stoss gegen den Brustkorb versetzt. Es ist nichts passiert, aber es hätte schlimm ausgehen können. Bald müssen wir unseren jungen Maststier abtransportieren. Davor graut mir schon jetzt, weil er in seinem Leben kaum je angebunden gewesen ist.

Wir kamen vor 13 Jahren nach Rumein, um einen biologisch bewirtschafteten Betrieb aufzubauen. Wir waren auf Kundschaft angewiesen, die Ansprüche stellt. «Wählerische» Städter sind unsere Existenzgrundlage; aber wenn sie schon ihre Augen für die Ware öffnen, dann sollten sie sie auch denen gegenüber offenhalten, die diese Ware herstellen.

Als wir hierherzogen, gab es im gesamten Kanton zehn Biobauern. Wir waren eine ungewöhnliche Erscheinung im Dorf, weil wir auf 1200 Metern Höhe Gemüse bauten. Ausserdem setzten wir von Anfang an auf Direktvermarktung, wir verliessen uns nicht auf die grossen Verteiler und den Staat. Wir belieferten zuerst Restaurants und ab 1988 den Markt in Chur. Auch führten wir bald die Mutterkuhhaltung ein. In den Augen der Bauern im Tal grenzte dies damals an Spinnerei. Aber wir glaubten an das, was wir taten. Die Skepsis, der wir begegneten, bestärkte uns. Das Anderssein gab uns Halt. Heute gibt es über 1000 Biobauern im Kanton. Das ist eine grosse Freude für mich, weil wir uns ja für ein nachhaltiges Wirtschaften auch deshalb entschieden hatten, um Natur und Umwelt zu schonen.

Trotzdem bin ich skeptisch. Ich vermute nämlich, dass die meisten Bauern ihre Betriebe nur deshalb umstellen, weil sie heute dafür Geld bekommen. Natürlich müssen sie sich an die Richtlinien halten, und die Auswirkungen auf die Natur sind positiv. Aber es geschieht nicht aus eigenem Antrieb. Wenn sie morgen Geld dafür bekämen, damit sie ihren Boden systematisch überdüngen, würden sie auch das tun.

Das ist ungerecht und vielleicht etwas kleinlich. Aber ich fühle mich manchmal so, als wäre mir etwas genommen worden. Es ist wie mit einem Jugendlichen, der sich in den siebziger Jahren lange Haare wachsen liess und Rolling Stones hörte. Dafür wurde er zwar angefeindet, aber er unterschied sich von den anderen. Das war ihm wichtig. Eines Tages nun wacht dieser Junge auf, tritt auf die Strasse, und alle haben lange Haare, in welches Lokal er auch geht, überall spielen sie Rolling Stones. Das freut ihn natürlich. Er ist kein Aussenseiter mehr. Aber hat er nicht auch etwas verloren?

Ich kann die Sicht der Städter verstehen und auch jene der Bauern. Aber beide Sichtweisen kann ich nicht fraglos teilen. Ich sitze zwischen allen Stühlen.

Letzte Woche waren wir zusammen an der sera familiara. Das ganze Dorf kommt zu dieser Veranstaltung, weil es der einzige gesellige Anlass im Winter ist. Ein Dutzend Kinder trat auf die Bühne und stellte sich in einer Reihe auf. Sie waren als Schnee- männer verkleidet, nur ihre Mützen waren unterschiedlich. Die Lehrerin spielte auf der Flöte eine Melodie, und die Kinder erzählten eine Geschichte und vollführten dazu einstudierte Bewegungen. Mir fiel ein Junge auf, der in der Mitte der Reihe stand und kleiner war als die anderen. Er trug eine Baskenmütze, die seinen Kopf bis auf die Augen bedeckte. Die Karottennase aus Pappmaché bog sich weit und schien seinen Mund zu picken. Er bewegte kaum die Lippen, und obwohl er immer wieder hilfesu- chend zu seinen Nachbarn blickte, gelang es ihm kaum einmal, die vorgeschriebene Bewegung synchron auszuführen. Er kam zu früh oder spät. Er liess die Schultern hän- gen. Er trug einen Besen in der Hand, den er so fest in den Boden stemmte, als fürchte er, ohne diesen Halt umzukippen. Der Kleine überstrahlte alle mit seinem Unglück. Ich erkannte ihn. Er war der Sohn eines jugoslawischen Gastarbeiters, der in einem Nachbardorf wohnt. Ich konnte meinen Blick nicht mehr abwenden.

Als die Kinder abtraten, drehte sich der kleine Jugoslawe zuerst in die falsche Laufrichtung und stiess gegen den neben ihm stehenden Mitschüler. Er blickte zu diesem, der um einen Kopf grösser war, auf, dann drehte er sich um. Geschoben von seinen Hintermann trat er dem Vorangehenden auf die Fersen und brachte ihn ins Stolpern. Schliesslich gelang es ihm, sich einzureihen. Er trippelte dem Vorhang mit kleinen Schritten entgegen, vorsichtig darauf bedacht, sich nicht erneut zu verhaken und Unordnung in die Reihe zu bringen.

Dieses Bild geht mir nicht mehr aus dem Kopf. In der Fremdheit des Jungen erkannte ich unsere eigene, als wir ins Dorf gezogen waren. Er erinnerte mich an meine Zwischenexistenz, er war Ausdruck meines Lebensgefühls.

Ich weiss nicht, ob mich das alles glücklich oder unglücklich macht. Es ist ein Zustand, der für mich und meine Familie Alltag geworden ist.

Es war ja erträglich. Das Dorf befand sich am Rande meines Lebens, im Zentrum standen die Familie und der Betrieb. Bevor ich hierherkam, war ich Kindergärtnerin, ich hatte von Landwirtschaft keine Ahnung. Ganz im Gegensatz zu Ueli, der auf einem Bauernhof im Aargau aufgewachsen war und Landwirtschaft studiert hatte. Die meisten Entscheidungen über die Bewirtschaftung traf Ueli. Er las den jährlich neu erscheinenden Samenkatalog mit einer Intensität wie andere einen Kriminalroman. Er wählte die Samen aus und setzte die Fruchtfolge für die Pflanzenbeete fest. Kartoffeln, Kohl, Salat, Lagergemüse, Frühkartoffeln, Kleegras, Kleegras: so sah beispielsweise die Verteilung von Pflanzen und Gemüse in einem Rhythmus von sieben Jahren aus. Der Plan zielte darauf ab, aus der Erde das Beste herauszuholen, ohne sie dabei zu erschöpfen.

Trotzdem wäre der Betrieb ohne meine Arbeit nicht lebensfähig. Über ein Jahrzehnt lang hatte ich eine dreifache Rolle als Mutter, Hausfrau und Bäuerin inne. Man könnte sagen, ich habe eine 150-Prozent-Stelle. Die allermeiste Zeit verbrachte ich draussen auf dem Feld und auf dem Markt in Chur, den wir jeden Samstag mit einer breiten Palette von Gemüse beliefern. Ich und Ueli waren wie zwei Menschen, die ein Tandem fuhren. Ohne den anderen ging es nicht voran.

In der letzten Zeit ist etwas Sand ins Getriebe gekommen. Die Kinder entwachsen mir langsam. Das Gleichgewicht zwischen meinen drei Rollen gerät durcheinander. Eine Zeitlang habe ich mich ratlos gefühlt. Mir war, ich hätte mich wieder einmal zwischen alle Stühle gesetzt. Zwischen Städter und Bauern, zwischen die zahlreich gewordenen Biobauern und meine eigene Überzeugung, zwischen die alten Rolle als Mutter, die nicht mehr so stark gefragt war, und die Suche nach einer neuen Aufgabe. Es hat einige Zeit gebraucht, bis ich dies als Chance begriffen habe. Ich habe damit angefangen, für eine bestimmte Zeit die Stallarbeit alleine zu übernehmen. Von Stillstand kann nicht die Rede sein.

69

Maloja, Oberengadin

Renato

Im Winter, wenn Renato Fleisch am Dachbalken des Stalles trocknet, fliegen Bergdohlen herbei und picken daran. Früher kamen sie in grossen Schwärmen vom Hotel Palace herauf, das nicht weit von Renatos Hof entfernt liegt. Sie sammelten sich dort, weil Kinder aus Belgien, die im Hotel Palace ihre Ferien verbrachten, Brot aus dem Fenster warfen. Für die Kinder war es aufregend, dem Flug der Bergdohlen zuzusehen. Die Besitzer des Hotels verboten die Fütterung der Vögel, weil sie mit ihrem Kot die Fassaden beschmutzten. Seither kommen weniger Bergdohlen zu Renatos Stall.

Aber immer noch kommen sie in kleinen Gruppen und gehen ans Fleisch. Renato holt das Gewehr und schiesst einen Vogel ab. Es genügt nicht, in die Luft zu schiessen. Er muss einen töten. Sie kommen dann für lange Zeit nicht mehr. Wahrscheinlich erzählen sie einander, dass einer von ihnen an diesem Platz getötet worden ist. Anders kann sich Renato ihr Verhalten nicht erklären. Es sind nämlich nicht immer dieselben Bergdohlen, die über seinem Haus kreisen.

Von den Schweinen glaubt Renato, dass sie keinen Begriff von Vergangenheit und Zukunft haben. Wenn er den Schweinebolzen an ihre Stirn legt, kann er bei ihnen Angst bemerken, aber kein Bewusstsein davon, dass ihre letzte Stunde geschlagen hat: sie kennen kein Gestern und kein Morgen.

Im Frühjahr kauft er junge Schweine. Im September wiegen sie 100 bis 120 Kilo. Er beginnt mit dem Schlachten. Etwa im März des darauffolgenden Jahres hat er seinen Schweinebestand vollständig verarbeitet. Früher tötete er rund 30 im Jahr. Renato ist 63, und Schlachten ist eine körperlich schwere Arbeit. Je näher er seinem eigenen Ende zugeht, desto weniger Schweine schlachtet er. In der letzten Zeit sind's 25 gewesen. Alles andere Fleisch kauft er von Jägern oder Händlern: Steinbock, Hirsch, Gemse, Rind, Kalb.

Renato hat ein treue Stammkundschaft. Seine Produkte haben einen besonderen Charakter. Heute wird alles normiert. Bald wird alles gleich schmecken, und auch die Menschen werden alle gleich sein. Das hört Renato immer wieder von seinen Kunden. Er schickt seine Würste in Kartons nach Deutschland und quer durch die ganze Schweiz.

Es schneit wieder. Renato hat genug vom Schnee. Für die belgischen Kinder im Ferienlager ist es ein Abenteuer. Die kennen das ja kaum, sagt er. Rund vierzig Kinder kommen in Zweierreihen die Strasse hoch, in dicken Anoraks und mit Zipfelmützen. Vorneweg geht ein Lehrer, hinten folgt eine Lehrerin. Sie kommen seit ein paar Jahren, um mit ihrem Taschengeld etwas Bündnerfleisch zu kaufen, Steinbockwürste oder Schinken. Ein essbares Souvenir, ein besonderes Geschenk für die Eltern zu Hause. Sie drängen sich an die Hackbank, die Renato jetzt als Verkaufstisch dient. Er trägt einen breitkrempigen Lederhut, auf dem Salzkristalle schimmern, und einen Shetlandpullover mit langen Wollfasern. Durch seinen dichten Bart fragt er die Kinder nach ihrer

Bestellung. Sie zählen ihr Geld in Münzen und legen es auf den Tisch. Würste für
vier Franken, Schinken für sechs, Fleisch für acht. Es ist kein grosses Geschäft.
In ein paar Tagen werden die Kinder die Würste zwischen Skihosen und Pullovern
hervorkramen wie einen Schatz. Für sie wird das Fleisch nach Schnee und Bergluft
schmecken. Es wird sie an den halsbrecherischen Flug der Bergdohlen erinnern,
an ihre gelben Schnäbel und an den bärtigen Mann auf dessen Lederhut
Salz schimmerte.

Viano, Puschlav

Luigi

Anselmo setzt sich auf einen Hocker, zieht die Füsse aus schlammverschmierten Stiefeln und beginnt zu sprechen. Das schlechte Wetter, die drückenden Steuern, die ahnungslosen Politiker, die geldgierigen Beamten, das krakenhafte Europa. Geräuschvoll saugt er Luft in die Lungen: das schlechte Wetter, die drückenden Steuern, die ahnungslosen Politiker, die geldgierigen Beamten, das krakenhafte Europa. Die Worte kommen schleppend über seine Lippen. Die grossen Pausen zwischen den Sätzen füllt er mit Seufzern. Ein hartnäckiger Klagegesang. Dem Bruder Luigi, der ihm gegenübersitzt, verpestet er die Luft. Er schweigt.

Vorher hatte Luigi viel geredet. Auch er kam nicht ohne Jammern aus, aber es war von ganz anderer Art. Seine Rede kam in kurzen, heftigen Stössen. Die Sätze brachen aus ihm heraus. Ihnen folgte Stille, ganz plötzlich zerrissen von einem neuerlichen Ausbruch. Luigi brennt.

Jetzt scheint sein Feuer erloschen, erstickt von den Wehklagen des Bruders, doch glimmt es weiter in ihm. Wie unter Schmerzen neigt er den Oberkörper nach vorne und schliesst die Hände eng um den Bauch, als könnte er die lodernde Unruhe mit einer Willensanstrengung unterdrücken.

Luigis Neffe, seine Frau und Kinder kommen in die Küche. Die wortreiche Geschäftigkeit der Frau und das Geschnatter der Kinder füllen den schmalen Raum. Luigis Züge verdunkeln sich, sein Brustkorb hebt und senkt sich in schnellerem Rhythmus, die Hände lösen sich von der Brust und sinken nieder auf die Bank, wo sie sich an den Kanten festkrallen. Die vierjährige Silvia nimmt einen Besen, setzt sich auf ihn und reitet kreuz und quer durch die Küche, vorbei an Anselmo, der schweigend am Herd steht und einen Topf dampfender Polenta umrührt. Auf die Ermahnungen ihrer Eltern, endlich ruhig zu sein, antwortet sie mit einem Lachen. Silvias Hexentanz löst Luigis Verkrampfung für ein paar Augenblicke. Als das Mädchen auf ihn zukommt, küsst er es auf die Wange. Die Frau stellt Teller auf den Tisch, eine Salatschüssel und Gläser. Luigi erhebt sich, richtet sich gerade auf und geht mit zwei entschlossenen Schritten zur Garderobe.

Bleibst du nicht zum Essen? Nein, ich habe schon gegessen.

Er zieht einen blauen Arbeitskittel an, dann eine wattierte Windjacke mit speckigem Kragen und darüber einen grünen Regenschutzmantel. Er stellt sich auf viele Stunden im Freien ein, auf Feuchtigkeit, Nässe und Schlamm. Luigi hasst Regen, aber trotzdem geht er hinaus. Zuviel Durcheinander, zuviel Menschenstimmen. Er kann nicht mehr auf die höhergelegene Alp fliehen wie in den vergangenen Jahrzehnten. Dort war er alleine mit seinen Kühen, seinen Gedanken und mit der Sonne, die er liebt: Wenn sie kräftig scheint, lege ich mich gerne ins Gras und höre ihr zu. Aber die Beine tragen ihn nicht mehr über den steilen Hohlweg, und das Herz will auch nicht mehr: Es schlägt in der Brust, als wolle es zerspringen.

Als er am Stall vorbeigeht, über grosse Pfützen, die gleichmütig immer neues Wasser aufnehmen, springt ein Jagdhund aus der Hütte und zerrt jaulend an der Kette. Er schaut kurz zu ihm hin und geht vorbei, er schenkt dem Hund weder einen tröstenden Zuruf, noch geht er hin, um ihm über das Fell zu streichen. Warum auch? Auch seine Zeit ist vorbei. Dreizehn Jahre lang war der Hund sein Gefährte für die Jagd, Luigis einzige lebenslange Leidenschaft. Gemeinsam strichen sie durch die Wälder, der Hund die Nase witternd in die Höhe gehoben, den Boden abschnuppernd, keuchend vor Erregung, und Luigi ihm nach, ihn auffordernd, antreibend: Such, such! Der Hund ist grauschnäuzig und schwächlich geworden, aber wenn er seinen Herrn sieht, bricht die Jagdlust aus ihm hervor und verwandelt ihn in ein vibrierendes, zuckendes Bündel, das winselnd an der Kette zerrt und nun, wo Luigi schon vorbei ist, ein langgezogenes Heulen ausstösst, das weit zu hören ist. Von der Kette gelöst, würde er sofort die Witterung aufnehmen und trotz seines Alters schwanzwedelnd den Berg hinaufhetzen, aber Luigi kann nicht mehr folgen, kraftlos und müde müsste er mitansehen, wie sein Hund im Dickicht verschwindet, und auf sein Kläffen könnte er nicht reagieren. Ein guter Hund, ein sehr guter Hund.

Die Jagd hat Luigis Leben bestimmt. In Zürich, Baden, St. Gallen, wo immer er auch in den vierunddreissig Jahren, in denen er als Mechaniker arbeitete, war, - es zog ihn in die Wälder. Zuletzt arbeitete er in Chur, für weniger Lohn, aber dafür näher an Viano, das war ihm wichtiger. Er kam schneller nach Hause zur Jagd. Er war ein guter Arbeiter, tat, was man ihm befahl, nur eine Bedingung stellte er immer: zwei Wochen im September für die Jagd. Nur Brown Boveri in Baden hatte dafür kein Verständnis. Sie wollten ihm die Zeit nicht geben, die er brauchte, obwohl sie es ihm bei seiner Einstellung versprochen hatten. Im ersten Jahr nahm er es hin, im zweiten bereitete er alle seine Dokumente vor und setzte ein Kündigungschreiben auf, bevor er zu seinem Chef ging, um den Urlaub für September zu beantragen. Als dieser ablehnte, knallte Luigi seine Kündigung auf den Tisch und verschwand nach Viano. Danach war er drei Monate in den Bergen. Später machte er sich wieder auf über den Berninapass, fuhr nach «draussen, in die Schweiz», weil es im Puschlav keine Arbeit gab. Er fand schnell eine Stelle. Die neuen Arbeitgeber gönnten ihm die zwei Wochen im September. Er blieb bis zur Pensionierung.

Danach kehrte Luigi nach Viano zurück. Er wollte nie in der Stadt bleiben. Zuviele Menschen. Zürich war am schlimmsten, die Strassenbahnen, der Bahnhof, der Lärm, die Hektik. Es gab nie jemanden, der ihn gehalten hätte, niemanden, der ihn glauben machen konnte, dass es für ihn einen besseren Platz zum Leben gebe als Viano. Frauen gab es mehrere in seinem Leben, bei einer blieb er fünf Jahre lang. Ein gute Frau, sagt er. Die Frau wollte ihn heiraten, für beide stand ein Haus der Familie zur Verfügung. Nie, hatte Luigis Onkel gesagt, nie in das Haus der Frauen ziehen. Das gibt nur Streit.

Luigi war damals noch ein Kind gewesen, und er hielt sich eisern an diese Regel. Er trennte sich von der Frau. Er weint nichts und niemandem nach.

Vom Tal zieht Nebel hoch. Ein neuer Regenguss geht nieder. Luigi spannt den Schirm auf und lehnt den rostigen Stock gegen seine Schulter. Seine vier Kühe stehen aufgereiht am Zaun, die Augen geschlossen, kauend, lassen sie das Wasser an ihren Körpern herabfliessen. «Die Kühe antworten auf meine Gefühle mit Gefühlen», sagt Luigi und geht zu der Öffnung im elektrisch geladenen Zaun: «Vieen, Titi, vieen, vieen!». Die erste Kuh setzt ihre Klauen vorsichtig in die steile Erde, die anderen folgen ihr zögerlich. Er will sie höher hinaufbringen, zu besserem Gras.

Dieser Sommer ist kein Sommer. Es regnet seit Wochen. Zehn Grad im Juli. Luigi kann sich an keinen solchen Sommer erinnern. Bald werden die Tage wieder kürzer, und Luigi mag die frühe Dunkelheit nicht, er liebt die Bergspitzen, wenn sie, lange nachdem die Sonne untergangen ist, funkeln, den Himmel, der sich von Osten her langsam einfärbt und in allen Blauschattierungen schimmert, bevor er schwarz wird.

Vielleicht hatte ich zuwenig Vertrauen, sagt Luigi. Vielleicht war es ein Fehler, diese Frau zu verlassen. Aber seit dem Tod seiner Mutter, die starb, als er zwanzig war, hatte er nie mehr Vertrauen zu den Frauen fassen können. Die Mutter war übermächtig, keine konnte in ihrem Schatten bestehen. Dass es so leicht war, Frauen zu bekommen, machte ihn misstrauisch. Wenn sie mit mir so schnell gehen, dann gehen sie morgen schnell mit einem anderen, wie soll ich ihnen dann trauen? dachte Luigi. Auch die fünf Jahre, die ihm seine Freundin gegeben hatte, reichten nicht. Er blieb gefangen in seiner Logik.

Es kommt kein Sommer mehr. Bald kommt auch das Ende für Luigi. Das macht ihm keine Angst, nur das Wie jagt ihm Schrecken ein. Nie war er ihm Krankenhaus, nie will er dort auch nur einen Tag verbringen: Dort wird man herumgestossen. Er lässt sich nicht herumstossen. Mit seinem Jagdfreund hatte er sich einmal über den Tod unterhalten, hoch oben in den Felsen lagen sie, assen Brot und Wurst. «Bevor ich ins Krankenhaus gehe, mache ich selber Schluss», sagte der Freund. Luigi stimmte zu. Sie waren sich darüber einig, dass es nicht einfach sei. Mut, es brauche Mut. Und Können, auch das.

Luigi nimmt seinen Stock und bohrt ihn in den Boden, dann setzt er das andere Ende unter sein Kinn. Er beugt sich nach vorne und fährt mit der rechten Hand zum imaginären Abzugshahn, während die linke den Lauf des Gewehrs in sein Fleisch presst. Die Distanz zum Abzugshahn ist länger als Luigis Arm, so dass der Lauf um ein paar Zentimeter verrutscht als er abdrückt. Die Kugel, sagt Luigi, bohrt sich in den Kiefer, zerschmettert die Backenknochen und zieht eine blutige Spur in das Gesicht; aber sie tötet nicht. Sein Freund erschoss sich wenige Wochen nach dem Tod seiner Frau. Für den Selbstmord wählte er das Badezimmer; das liess sich leicht reinigen. Er verständigte den Arzt, befestigte ein Seil am Abzugshahn des Jagdgewehrs und löste den tödlichen Schuss mit dem grossen Zeh. Von seinem Kopf blieb nichts mehr übrig. Es braucht Mut und Können, sagt Luigi.

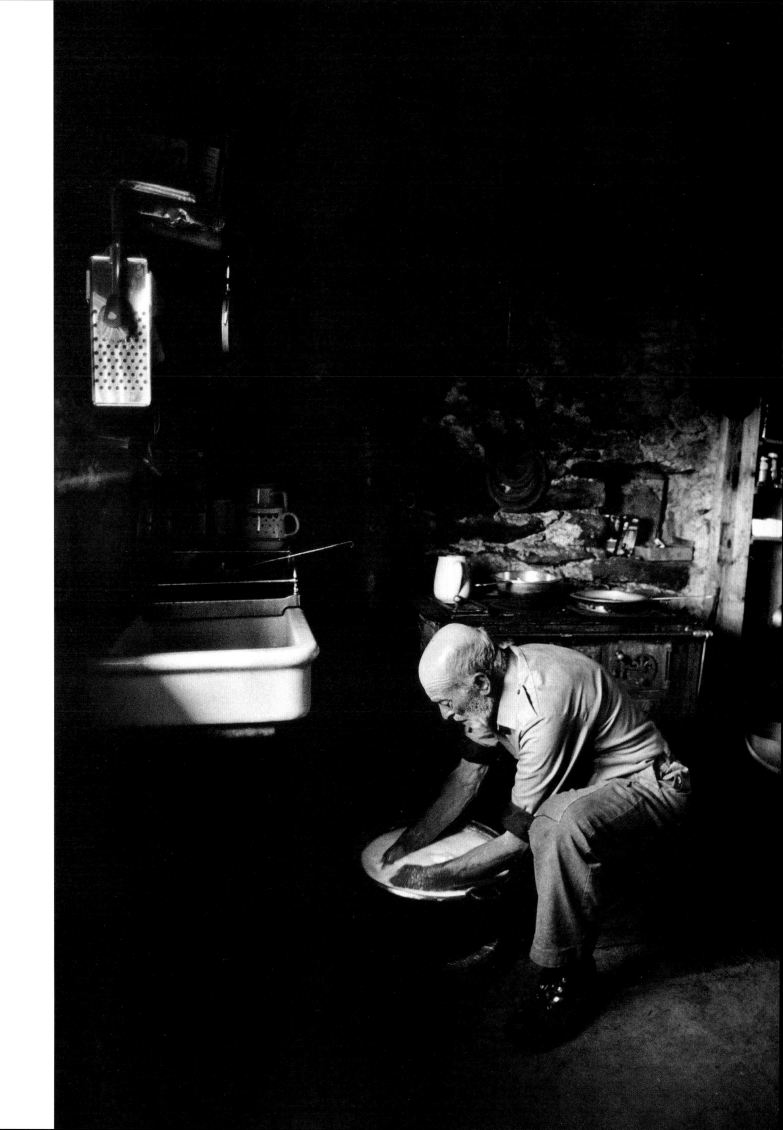

Alpe Fornàa, Verzascatal

Michele

Auf dem Deck des gestrandeten Schiffes liegen Steinbrocken, an den Planken hängt das Moos früherer Meere, die Seiten sind eingerissen, das Heck ist gespalten und zerfressen vom Rost. Der Bug bleibt Richtung Tal gerichtet. Das Schiff ist ein Hirngespinst. Es ist ein Felsen auf der Alpe Fornaà.

Michele könnte die Steine vom Deck nehmen, das Schiff würde davonsegeln. Er könnte sich auf den Meeren treiben lassen, aber er tut es nicht. Zahllos liegen die Felsen unter dem steil aufragenden Berg wie eine ungeordnete Armee fleckhäutiger Riesen. In ihrem Schatten verbringt Michele den Sommer.

Schon als Kind ist er hier gewesen. Er hat sich den Weg über die Moräne gebahnt, Treppen gefunden wo keine Treppen sind, gelernt, die Steine umgehen, den kürzesten Weg zu finden zu den Ziegen, die noch im Schutt des Berges nach Gras suchen. Alle Kenntnisse helfen nichts, wenn der Nebel kommt. Die Felsen geraten in Bewegung. Sie verbergen sich, tauchen auf und verschwinden wieder. Michele bleibt in der Hütte, zwischen Steinwänden. Er wartet auf die Sonne, die auch auguststark den fensterlosen Raum nicht erwärmen kann. Das offene Feuer erfüllt die Hütte mit beissendem Rauch und schwärzt die Steine. Kein Wort ist drinnen, nur Lodern und Flammen; nur Michele, der beobachtet wie der Rauch durch ein Loch in der Wand ins Freie gelangt und sich mit grauen Nebel vermischt.

Vor der Hütte liegt ein gewaltiger Stein, so flach, dass man Anlauf nehmen könnte wie auf einer Startbahn. Michele springt auf den Stein und horcht. Er lässt sich keine Flügel wachsen. Er bleibt bei seinen Ziegen, deren Glocken durch den undurchdringlichen Schleier leise bimmeln; links, rechts, geradeaus. Michele sucht die Richtung mit den Ohren, prägt sie sich ein für später, wenn die Nebelschwaden durchsichtiger werden.

Einmal ist er in Venedig gewesen. Die Meeresfrüchte haben ihm geschmeckt. Daran erinnert er sich. Die prächtigen Fassaden blieben stumm, und das Meer sprach nicht zu ihm. Das Wasser war ein blinder Spiegel, in dem er sich nicht erkennen konnte. Er steht auf dem flachen Felsen, umflossen von wabernden Schwaden wie auf einem Floss und sieht kein Floss, kein Meer, sondern nur Stein, Stein, Stein. Auch die Sonne, die plötzlich den Nebel zerreisst, bringt ihm keine Aussicht auf Ufer, keine Hoffnung auf Neues, nur den Blick auf den Halbkreis der Bergspitzen, den tausendmal angeschauten, den immergleichen, immeralten. Michele schaut ins Geröll und sucht die Ziegen, sucht schwarze Punkte in einer bizarren Trümmerlandschaft. Gleich wird er zu ihnen hochsteigen und sie zum Melken hinuntertreiben. Er legt sich noch einen Plan zurecht, um keine unnötigen Umwege zu machen. Eine Einkreisung, tausendmal geübt. Er geht los, stützt die Hände in die Hüften, richtet die Augen nach unten auf die scharfkantigen Felsblöcke und bald schon ist er nicht mehr zu erkennen, ein springendes Etwas, das sich geschwind den Ziegen nähert und sich auflöst.

Drei knappe, spitze Schreie sind zu hören, das Signal für die Ziegen zum Abstieg; immer wieder diese Schreie und der dumpfe Klang von sich lösendem Gestein, losgetreten von Micheles Füssen.

Eine Prozession aus schwarzen Leibern bewegt sich aus allen Richtungen auf die Hütte zu. An der Aussenwand stehen gestürzte Milchkannen und blinken in der Sonne. Die Ziegen sinken rund um die Hütte ins Gras und warten. Zwischen ihnen sitzt, schwitzend vom Aufstieg, ein Städter im Jägergewand. Er sucht mit dem Fernglas die Bergwände nach Steinböcken ab, und er hält Ausschau nach Michele, der verschluckt scheint von Steinmassen. Wer macht diese Arbeit noch, sagt der Städter, wer tut sich das heute noch an?

Plötzlich ist er da, aufgetaucht aus dem Nichts; kein Schweiss ist auf seiner Stirn, kein sichtbares Zeichen der Anstrengung. Nach einem kurzen Handschlag mit dem Städter ist er bei den Ziegen und packt die prallen Euter. Die Milch fährt mit einem Zischen in die Kanne. Eine soeben gemolkene Ziege reibt sich an Micheles Rücken wie zum Dank für die Erleichterung, die er ihr verschafft hat. Eine Zärtlichkeit, die unbeachtet bleibt.

Als Kind brachten ihn die Ziegen zum Lachen, wenn sie ihre Hörner an seinem schmächtigen Rücken rieben. Er gab den Tieren Namen. Wenn sie ihn anschauten, fühlte er sich verstanden. Er ernannte sie zu seinen Begleitern in der Bergwelt, die damals noch offen und verheissungsvoll war. Er beobachtete mit Staunen, wie leicht die Ziegen über Abgründe und Spalten sprangen, wie sie fast schwebend den Boden überwanden. Er wollte es ihnen gleichtun. In den Träumen, in manchen Nächten, flog er schwerelos über Trümmergestein. Aber die Begeisterung über die wundersamen schwarzen Geschöpfe erlosch bald, erstickt von den groben Händen des Vaters, der ohne Sentimentalität nach den Tieren griff und aus ihnen die Milch drückte. Er wurde erwachsen und der Zauber verschwand, bis nur mehr die dürre Einsicht blieb, dass Ziegen weniger Arbeit machten als Kühe und dass dies der einzige Grund sei für ihre Existenz. Dies waren die Worte des Vaters, und Michele sagt nun denselben Satz: Sie machen weniger Arbeit. Alles andere ist kindliche Schwärmerei.

Michele zählt die Ziegen, 65 müssen es sein. Er prüft mit schnellem Augen, ob alle Euter geleert worden sind und jagt die Tiere wieder hoch, dem Nebel entgegen, der erneut in Wellen vom Berg herunterfliesst. In die Milchkannen steckt er einen Schlauch. Eine Viertelstunde später erreicht die Milch die Käserei, eine Stunde Fussmarsch weiter unten. Michele sieht nicht, was aus seiner Milch wird. Er weiss nur, dass dort unten über das ganze Tal und noch weiter in der Ebene das Produkt seiner Arbeit verteilt wird. Über den Schlauch ist er mit der Welt verbunden, zweimal am Tag, aber es ist eine Verbindung in nur einer Richtung. Zurück bleibt Michele, der die Milchkannen mit einem Wasserstrahl auswäscht. Nichts bleibt. Auch der Städter ist längst aufgebrochen, zwischen Bäumen ist ein wankender Rucksack zu sehen, der gleich in einer Schlucht verschwinden wird.

Gegen Abend steigt Michele nochmals ins Geröll. Er überlässt das Feuer in der Hütte sich selbst. Die Holzscheite brennen ab bis aufs glühende Mark. Michele kommt nicht mehr. Er ist oben bei den Ziegen. Nichts ist zu hören, nur das Poltern eines fallenden Steins.

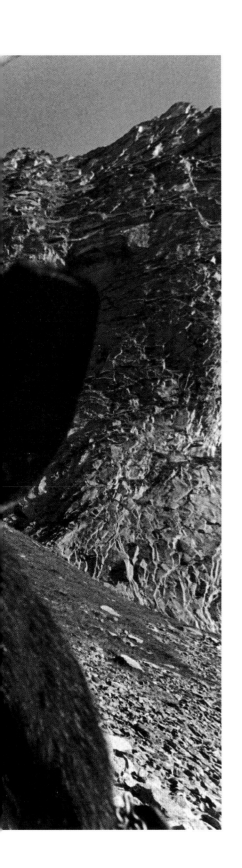

Euseigne, Val d'Hérens

François, Marlène,
Fanny, Virginie, Noémie, Bérangère
und Jérémie

Roger nimmt die Einfahrt zum Vorplatz schwungvoll. Die breiten Reifen des japanischen Jeeps knirschen auf dem sorgfältig geharkten Kies. Der schmächtige Henry ist auf den ersten Blick nicht zu erkennen. Die weiche Polsterung des Beifahrersitzes verschluckt ihn fast. Henry und Roger steigen aus der hochgezüchteten Maschine, so wie man von einem eigenwilligen Pferd springt, vorsichtig, als könnte es noch ausschlagen oder aus einer plötzlichen Laune heraus davonfahren. Sie lachen beide, verschämt und stolz zugleich über dieses chromblitzende Gefährt. Mit schwankendem Gang gehen sie auf François zu, der in der offenen Garage steht. Roger trägt einen verbeulten Hut, seine Hände sind abgearbeitet. Henry hat Zahnlücken und zerzaustes Haar.

François hat die beiden aus Euseigne im Val d' Hérens nach Vétroz im unteren Rhonetal gebeten, weil der Motor seines Traktors nicht mehr anspringt. Er war zu Besuch bei seinen Eltern. Als er nach Euseigne zurückkehren wollte, rührte sich der Traktor aus unerklärlichen Gründen nicht mehr. Henry hört François zu. Er nickt, dann krempelt er sich die Ärmel hoch. Bevor er sich an die Arbeit macht, trinkt er ein Glas Weisswein, das ihm François' Vater reicht. Die vier Männer stossen an, und Henry kriecht in den Bauch des Traktors. Sein Kopf verschwindet zwischen öligem Eisen, ein Fuss hängt in der Luft, während der andere sich am Boden abstützt. François hält eine Taschenlampe über die Schultern Henrys und leuchtet tief hinein in das verbrauchte Herz der Maschine. Henry gibt Anweisungen, verlangt Werkzeuge, schraubt und hämmert. François' Vater lehnt am klapprigen Sitz und gibt Ratschläge. Er giesst Wein in die Gläser, die auf der Einfahrtsmauer stehen. Henry taucht auf, sein Gesicht ist ölverschmiert. Er nimmt einen kräftigen Schluck und verschwindet wieder.

Es wird getrunken, geschraubt und geschwatzt, bis François' Mutter in die Garage kommt und zum Essen drängt. Sie hat Spaghetti gekocht, weil sie nicht so viele Gäst erwartet hat. Versuch es jetzt, ruft Henry. François wirft den Motor des Traktors an. Henry hört ihn ab mit seinem feinem Ohr, das jeden Misston aus dem Tackern und Rasseln filtern kann. Er gibt François ein Zeichen: er kann nach Euseigne zurückfahren.

Die Männer folgen der Mutter, jeder ein Weinglas in der Hand. Sie brechen lachend in die Küche ein. Der Vater setzt sich ans Tischende, im Rücken den Garten, auf den länger werdende Schatten fallen, und neben sich die Gäste, die über das Wetter reden, den Tierarzt, die Milch, die Kühe. Aus François sprudelt das Lachen in hellen Stössen, die Sätze spricht er atemlos, ohne Punkt und Komma. Mutter schöpft Essen nach, sobald die Teller leer sind, öffnet sie den teuersten Kognak und schaut auf ihren Sohn. Sie sieht ihn selten, seit er nach Euseigne gezogen ist. François, dieser Starrkopf, hat nach acht Jahren den sicheren Beruf als Polizist aufgegeben, gemeinsam mit seiner Frau Marlène, die Polizistin war. Sie kauften den Hof einer Familie, deren

Oberhaupt gleich neben dem Stall mit dem Traktor den Hang hinuntergestürzt
und an den Folgen des Unfalls gestorben war. François hat mit Marlène fünf Kinder
auf die Welt gestellt, eines nach dem anderen, ohne zu denken, wie es Mutter schien,
weiss man doch, wie unsicher die Zukunft der Bauern ist. François, du Dickschädel.
Aber er sagt nur: Ach Mama! Was für ein Leben ohne Chef!

François kann nicht stillstehen. Das ist eine Krankheit, sagt er. Es soll in in der
Familie liegen, sie seien alle so aufgekratzt, auch nach einem harten Arbeitstag zum
Bersten voll mit Energie. Als Bauer hat François seine «Krankheit» zum Beruf
gemacht. Er darf sich nicht stillhalten, der Kinder und der Tiere wegen.

Manchmal nimmt François Urlaub. Er fährt mit der Familie für einen Nachmittag nach
Fribourg. Im Sommer fährt er lieber auf die Alp zu seinen Kühen. Marlène steuert
den Kleinlaster über den steinigen Weg unter dem Staudamm vorbei zur Alp,
im Wageninneren die Kinder und Raissa, der Hund. Auf der Ladefläche hat François
Milchkannen festgezurrt, zwischen ihnen liegt in ein Tuch eingeschlagener Raclette-
käse. Vor der Alphütte wartet Carlos, der Portugiese. Die Stiefel reichen ihm bis zu den
Knien. François klopft ihm auf die Schulter. Die Kinder tanzen um ihn herum.
Raissa bellt. Carlos lächelt.

In der Käserei legt François den Käse in der Feuerstelle nahe an glühende
Holzscheite. Er redet und redet. Carlos nickt und schweigt. François nimmt den Käse
und schneidet den geschmolzenen Teil in die Teller seiner Kinder, die aufgereiht
und plappernd vor ihm stehen. Er spricht und lacht und gibt heisse Kartoffeln zum Käse.
Nachdem die Kinder satt sind, laufen sie aus dem verrussten Raum ins Freie,
den Ställen entlang. Marlène folgt ihnen. François geht mit Carlos zum Kleinlaster.
Gemeinsam wuchten sie die Milchkannen von der Ladefläche, schleppen sie in
die Käserei und giessen die Milch in den Käsekessel. Carlos entfacht das Feuer. François
geht hinaus. Marlène und die Kinder sind zwischen den langgestreckten Ställen
verschwunden. François öffnet eine Stalltür und ruft in das Halbdunkel hinein: Ça va,
Napoléon? Napoléon glotzt zur Türe hin, zum Schattenriss, der noch einmal sagt:
Ça va? Sie ist genau so klein und verrückt wie der grosse Franzose, sagt François und
schliesst die Stalltür.

Henrys Augen glänzen vom Wein, bei jedem Witz bricht er in wieherndes Lachen aus,
das ihn am ganzen Körper schüttelt. Er rutscht immer weiter vom Stuhl. Die
Tischkante berührt schon seine Brust. Draussen ist es dunkel, und Roger mahnt zum
Aufbruch, aber dann fällt ihm noch ein Witz ein, und François fügt noch eine
Anekdote hinzu, und die Mutter einen Schluck Wein. Die Tischkante steht Henry
bereits am Hals.

Es wird spät, bis sie das Haus verlassen. Henry und Roger klettern in ihren Jeep, leuchten mit mächtigen Scheinwerfern den Vorplatz aus und fahren davon. In der nächtlichen Stille ist das Heulen des Motors lange zu hören. François folgt ihnen ein paar Minuten später. Er braust mit dem Kleinlaster durch Vétroz; den Traktor wird er morgen holen. Er muss schreien, um das Knattern Motors zu übertönen. In der letzten Zeit befallen ihn immer mehr Zweifel, ob er und Marlène es schaffen werden mit dem Hof. François formt seine Finger zu einer riesigen Spritze und stösst sie sich in den Oberschenkel. Da sind nämlich die, welche Kühe hochzüchten und kleine Bauern wie ihn zugrunde richten. Er schimpft noch eine Zeitlang. Dann schweigt er. Kurz vor Euseigne biegt er von der Strasse ab und hält unter einer Brücke. Dort steht die Mähmaschine eines befreundeten Bauern. François darf sie sich ausleihen, denn seine eigene ist kaputt. Er lässt die Klappe der Ladefläche herunter. Über ein Brett schiebt er die Mähmaschine auf den Laster. Er arbeitet schnell, wie immer. Schliesslich kommt er in Euseigne an. Im Haus sind alle Lichter gelöscht. Es ist weit nach Mitternacht. François muss um fünf Uhr aufstehen. Er wird seine handtuchgrossen Wiesen mähen, die übers Tal verstreut sind.

Alp Pian Segno, Bleniotal

Igor

Igor ist nicht der Mensch, über den berichtet wird. Er ist ein ganz normaler, junger Mann. Ein wenig bedroht, würden manche sagen, denn mit seinen fünfundzwanzig Jahren hat er noch immer nicht so recht den Weg gefunden. Er ist gelernter Mechaniker, aber er hielt es nicht lange aus in der Werkstatt. Auch in der Fabrik, in der er danach arbeitete, blieb er nicht lange. Er überwarf sich mit einem Vorarbeiter und flog raus. Ich weiss nicht, ob Igor bei diesem Streit recht hatte, ich weiss aber, dass er ein ehrlicher Kerl ist.

Dörfer sind eng, das weiss alle Welt, das Dorf Igors muss besonders eng sein. Weil er mit seinen Arbeitgebern nicht zurechtkam, manchmal einen über den Durst trank und ihm die Polizei deshalb den Führerschein entzogen hatte, klebte an ihm bald der Ruf eines Asozialen. Die Kraft zu gehen hatte er nicht, vielleicht auch nicht den Willen, schliesslich ist es seine Heimat, und Igor ist einer mit Wurzeln; die lässt er sich nicht so leicht abschneiden, schon gar nicht von den eigenen Leuten.

Seit drei Sommern ist Igor mit Käse beschäftigt. Er hat sich sechs Monate lang ausbilden lassen bis er alle Elemente kannte, aus denen Käse zusammengesetzt ist. Er weiss wie er ihn behandeln muss, damit er am besten schmeckt. Er erhitzt ihn manchmal länger, manchmal kürzer, reibt ihn mit Salz ein, mit Pfeffer und anderen Gewürzen. Er lässt ihn tagelang in Netzen hängen und abtropfen, und manchmal nur für Stunden. Igor sucht nach neuen Wegen.

Wenn er seine Arme bis über die Ellenbogen in den Kessel taucht, sieht man an seiner kräftigen Schulter eine Tätowierung. Ein weiblicher Engel mit nackten Brüsten. Er ist hässlich, aber er passt zu Igor, zu seinem Leben, das etwas beschädigt ist. Auch die Musik, die er hört, ist nicht schön. Es ist eher ein Krachen und Schreien. Während er in der Käserei beschäftigt ist, lässt er den Recorder auf voller Lautstärke laufen. Ohrenbetäubend. Die Musik ist aggressiv, aber Igor ist ein weicher Kerl. Die hämmernden Schläge aus den Lautsprechern passen nicht zur Zartheit und Sorgfalt, mit der er den Käse behandelt. Aber da ist vielleicht eine Wut in ihm.

Es war für viele ein Sakrileg, dass gerade Igor Käser wurde. Es wurde im Dorf als kalkulierte Provokation aufgefasst. Noch dazu führt er hier den Laden. Ein hochmoderner Betrieb, ein Beispiel für zukunftsgerichtete Produktion, bestens geführt, hiess es in der lokalen Presse. Alle sind zufrieden, die Bauern, die Verwalter und die Wanderer, die hier den Käse direkt ab Produktion kaufen können. In den wenigen Jahren seines Bestehens ist der Betrieb eine Berühmtheit im Kanton geworden. Ausgerechnet Igor wies seinen engstirnigen Mitbürgern den Weg. Sie sahen plötzlich hoffnungslos alt aus. Das war schwer zu schlucken. Mit seinem Erfolg wuchs der Neid. Aber Igor lacht über die hinter vorgehaltener Hand geäusserte Empörung. Natürlich freut er sich über den gelungenen Streich. Provokation ist Teil seines Wesens. Es ist die Triebfeder, die ihn vorantreibt. Aber die Zeiten, in denen er nur etwas gegen jemanden tat, sind vorbei. Igor kam auf die Alp, weil er endlich für sich etwas tun wollte.

Igor hatte schon Streit mit dem Leiter der Genossenschaft. Ich kann ihn gut verstehen. Dieser kleine, dunkle Mann kommt einmal die Woche mit seinem Strassenkreuzer angebraust und wirbelt Staub auf. Er kontrolliert die Bücher, prüft Einnahmen und Ausgaben, nimmt das eingenommene Geld zu sich und rauscht ohne ein Wort der Anerkennung davon. Er denkt nur ans Geld. Für Igor ist Geld nicht das Wichtigste. Er ist auf einem anderen Weg. Auf welchem, das weiss er auch nicht genau zu sagen, aber wenn er die Hände in den Käsekessel taucht, wenn er den Käseleib presst, knetet und ihn mit Lauge einreibt, dann fühlt er, dass er das Richtige tut.

Igor wird nicht lange bleiben. Den Verwaltungschef kann er auf Dauer nicht ertragen. Dieser rücksichtslose Mann hat Igors Freundin zum Weinen gebracht. Sie ist ein junges, zartes Geschöpf. Sie kümmert sich um die Versorgung der acht Angestellten. Igor hat lange dafür gekämpft, dass auch seine Freundin im Betrieb arbeiten durfte. Er wollte nicht ohne sie bleiben, und sie nicht ohne ihn. Der Chef gab schliesslich widerwillig nach. Aber er hat Igor diese Unbotmässigkeit nicht vergessen. Er nutzte die erste Gelegenheit, um Igors Freundin zur Schnecke zu machen. Vielleicht war es die unaufgeräumte Küche, oder ein überteuerter Einkauf. Er hat sie jedenfalls angeschrien, und sie hat geweint. Igor war nicht da. Wenn ich da gewesen wäre, dann…, sagt er; dann hätte er vielleicht wieder eine seiner Dummheiten gemacht. Er ist aufbrausend, wenn er sich ungerecht behandelt fühlt. Er will seine Freundin gerade jetzt besonders beschützen. Sie ist schwanger.

Abends spazieren beide Arm in Arm zum Wald hinauf. Igor entwirft Pläne. Er hat einen Freund, dessen Vater mehrere Kühe hat. Wenn er die Freiheit bekäme, zu tun, was er für richtig hält, und wenn noch dies und das einträte und jenes hinzukäme, dann… So spricht Igor. Nach der Mittagspause, während die Hirten auf der Weide sind, sitzt das Paar am Küchentisch. Er zeichnet die Einrichtung für die gemeinsame Wohnung auf einen Block. Ein breites Bett, einen wandhohen Kasten, eine grosse Kommode, eine zweimeterlange Couch - alles ist irgendwie gross. Die Wohnung ist klein. Igor kann sich nicht viel leisten. Auf der Alp verdient er keine grossen Summen, und es gibt nur für drei Monate Arbeit. Wie er im Winter Geld verdienen wird, weiss er jetzt nicht. Aber das belastet ihn nicht allzusehr. Igor ist ein spontaner Mensch. Er macht einfach.

Letzte Woche hat er damit angefangen, die Fliegen mit Wasserdampf herunterzuholen. Der Dampf nässt die Flügel der Fliegen, und sie stürzen zu Boden. Danach schwemmt Igor sie mit dem Wasserstrahl in den Abfluss. Binnen Minuten ist er die lästigen Tiere los. Er hat sich über seine Entdeckung gefreut wie ein Kind.

Nach drei Sommern hier auf der Alp wird Igor von den anderen als Chef akzeptiert. Das ist nicht selbstverständlich, denn er ist jünger als die meisten von ihnen. Es sind

einfache Leute ohne besondere Ausbildung. Aber sie arbeiten hart. Musse ist etwas, das
sie nicht kennen. Ihr Metier ist die körperliche Arbeit. Aber das hindert sie nicht,
manchmal hochfliegende Gedanken zu haben. Bartoli zum Beispiel hat sich in Italien,
wo er herkommt, eine Fallschirm mit Motor und Propeller besorgt. Am Morgen,
wenn das Wetter und der Wind gut sind, schnallt er sich dieses Gerät auf den Rücken.
Dann läuft er die Wiese vor dem Stall hinunter und hebt ab. Er fliegt auf die höhergelegene Weide zu den Kühen. Am Abend ist der summende Ton von Bartolis Motor
zu hören, noch bevor er in Sichtweite ist. Er kommt von Tal hochgeflogen. Es dunkelt
bereits. Er dreht noch ein paar Runden über der Alp, bevor er landet. Er macht es
aus Spass am Fliegen zwischen Bäumen hindurch und über Drähte. Gefährliche Flüge.
Bartoli trägt keinen Helm. Nach der Landung geht er auf das Wohnhaus zu, als
wäre er eben von einem Motorrad gestiegen. Manchmal stürzt Bartoli beim Anflug,
oder er schlägt sich bei einem Startversuch ein Knie wund. Igor mahnt ihn nie
zur Vorsicht. Er lächelt über den fliegenden Hirten. Er begreift Bartolis Sehnsucht.

Igor versteht was von Wünschen. Er ist selbst voll davon. So voll, dass er manchmal
ein wenig den Sinn für die Wirklichkeit verliert. Gestern hat er ein riesiges Paket in
Empfang genommen. Es war vollgepackt mit CDs. Dutzende Scheiben Musik. Er kann
sich das eigentlich nicht leisten. Er hat ein schmales Einkommen. Bald wird er
Vater. Er will das breite Bett, den wandhohen Kasten und all die anderen grossen
Dinge. Wie er das bezahlen will, ist schleierhaft. Aber das sind kleinliche Einwände,
typisch für die Leute im Dorf. Es ist ganz einfach. Igor schiesst immer ein
wenig über das Ziel hinaus.

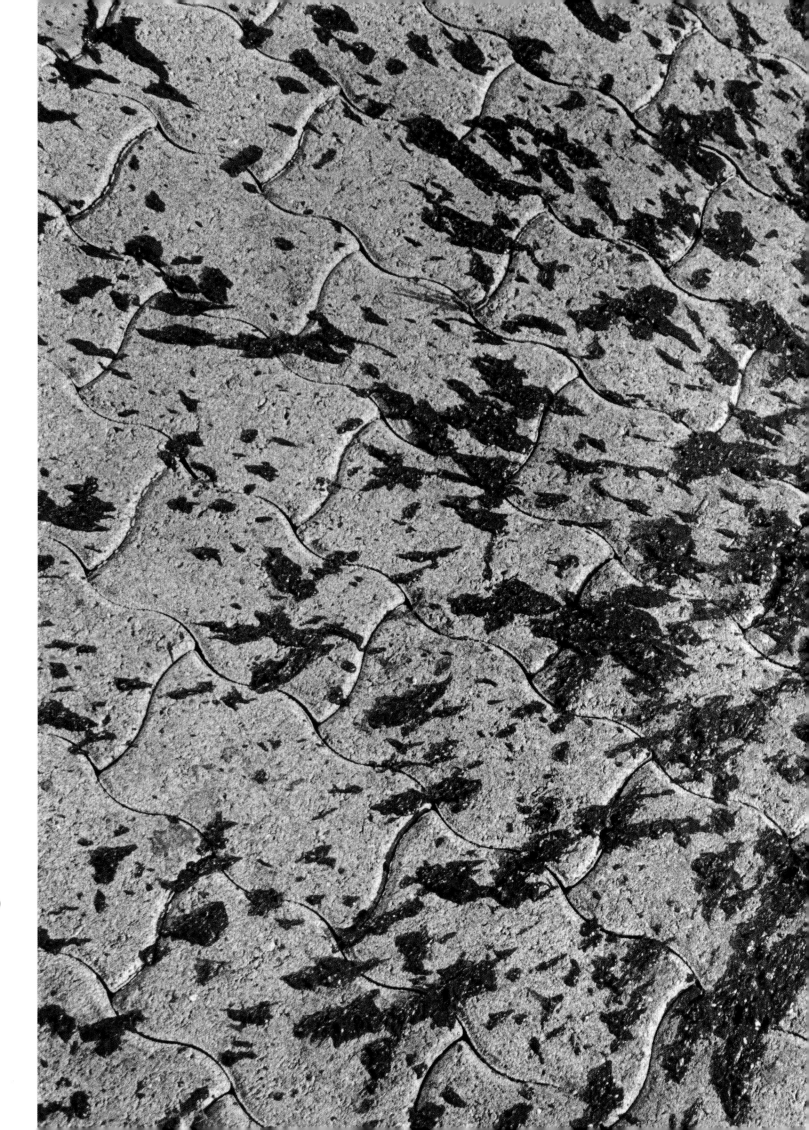

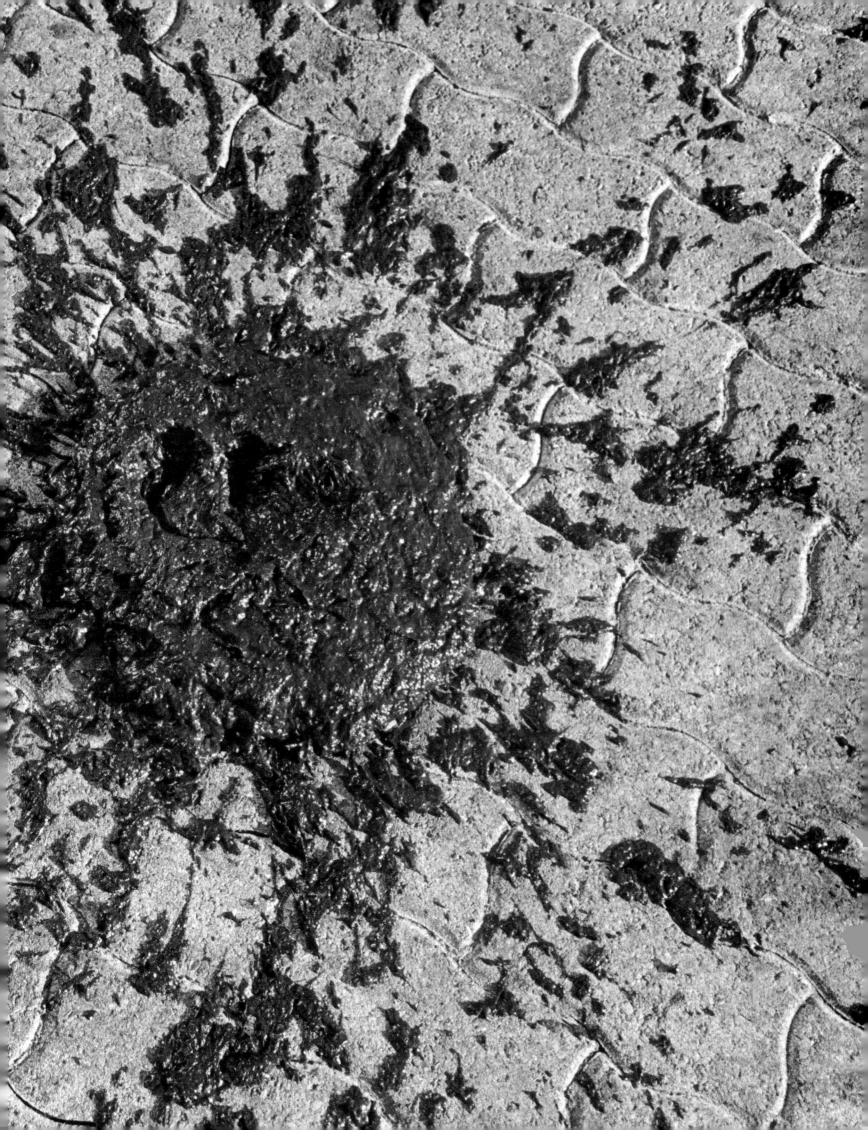

Ftan, Unterengadin

Ursla und Reto

Wir wollten nach Amerika. Ein Fluchtpunkt, der einmal mehr, einmal weniger ins Blickfeld rückte. Aber ich habe sehr schnell begriffen, dass er nie nach Amerika gehen wird. Er würde nach Ftan zurückkehren. Ausgerechnet ein Pferd brachte uns dorthin.

Als wir uns kennenlernten, sprach er nicht über eine Heimkehr. Er selbst wusste zu jener Zeit nichts über seine Sehnsucht. Er redete über seine Vergangenheit als hätte er die Nabelschnur durchtrennt. Er sprach nie Rätoromanisch, aber er lebte weiter in seiner Muttersprache. Ich wusste, dass ich ihm eines Tages folgen müsste. Der einzige Ausweg, der mir blieb, war, diesen Mann zu verlassen. Aber das kam für mich nicht in Frage.

Annäherung in Etappen. Wir arbeiteten einen Sommer lang auf der Alp, Vorgeschmack eines möglichen, neuen Lebens. An einem späten Sommernachmittag setzte ich mich auf einen Stein und schaute den Hang hinunter, auf die grasenden Tiere. Die Sonne stand tief, der Boden duftete. Wolken drängten sich am Himmel. Düsternis fiel über die Erde und Stille. Das Gewitter entlud sich mit einem Knall, der in den Bergwänden wiederhallte. Ich schloss die Augen. Er sah mich schon von weitem, zusammengesunken auf dem Stein. Er fürchtete, ich sei gestorben, und rannte den Hang hinauf. Als er meine Schulter berührte, wachte ich auf. Ich war eingeschlafen mitten in einer Welt, die aus den Fugen geraten war. Ich blickte in sein erschrecktes Gesicht und sagte, ich fühle mich gut. Er lächelte ungläubig.

In mich selbst gesunken, war ich an diesem Abend auf einen Grund gestossen, der mir bis dahin unbekannt gewesen war. Ich begann seine Sehnsucht nach der Welt, die er als junger Mann verlassen hatte, zu begreifen.

Nach diesem Sommer auf der Alp war es für ihn leicht, mich zu überzeugen. Trotzdem zögerte ich. Wir waren oft über den Julierpass gefahren, um nach Ftan zu kommen; eine schöne Fahrt, aber mich überfiel immer ungewisse Angst. Das Dorf, das Haus, die Eltern; ich wusste, was mich erwartete, aber jedesmal, wenn wir über den Pass fuhren, war es eine Reise ins Unbekannte. Chur war nicht weit von Ftan. Ich wollte dort bleiben, mit einem Fuss in der mir bekannten Welt, mit dem andern auf der anderen Seite des Berges, in seiner Vergangenheit.

Das fürchtete ich: seine Vergangenheit. Ich hatte einen erwachsenen, freien Menschen kennengelernt, aber nun glaubte ich, dass die Jahre seiner mühevollen Entfesselung von ihm abfallen könnten, als hätte es sie nie gegeben. Er wusste das, aber er sprach nicht darüber.

Chur war als Kompromiss gedacht, aber seine Vergangenheit verlangte uns ganz, es war kein Platz für Zwischenschritte.

Nächtelange Gespräche gingen der Rückkehr voraus, Rechnereien, Kalkulationen über Maschinen, Investitionen. Eines Nachts, als er ängstlich und mutlos war, sagte ich zum ihm: Ein Pferd, warum nehmen wir nicht ein Pferd? Die entscheidende Idee.

Es entsprach unseren Vorstellungen von der Arbeit. Wir wollten den Hof ohne Maschinen, möglichst im Einklang mit der Natur bewirtschaften. Wir waren anders geworden und wollten als andere zurück. So kam es, dass uns, die wir geträumt hatten, nach Amerika auszuwandern, ausgerechnet ein Pferd den Weg ins neue Leben ebnete. Ftan ist für mich seither Amerika.

Sein Vater war im Dorf einer der ersten gewesen, der auf Maschinen gesetzt hatte. Fortschritt war sein Glaube. Und jetzt kam der Sohn zurück mit einem alten Pferd, das von der Armee ausgemustert worden war; der Sohn, der ihm schon genügend Kummer bereitet hatte, weil er den Armeedienst verweigert, fünfzehn Jahre seines Lebens als Sozialarbeiter an den Rändern der Gesellschaft verbracht hatte und Sozialdemokrat geworden war. Er hatte sich im Dorf für den krummen Lebensweg des Sohnes schämen müssen.

Im Estrich des Hauses fanden wir einen in seine Einzelteile zerlegten Heuwagen, der Vater hatte ihn noch benutzt. Für ihn war er Symbol für das, was er endgültig hinter sich gelassen hatte, eine verstaubte Trophäe für den Sieg über ein Leben voller Mühsal. Wir bauten den Wagen Stück für Stück zusammen. Wir spannten das Pferd an und fuhren das Heu mit dem Wagen ein, und sein Knarren und Quietschen klang in Vaters Ohren wie ein Spottlied. Ein Gelächter des Sohnes. Nichts hatte sich geändert, nichts.

Sie prallten aufeinander. Es geschah, was ich befürchtete hatte. Er schrumpfte vor dem Vater zusammen, fünfzehn Jahre seines Lebens, fern vom Hof, in einer anderen, weiteren Welt zerbröselten, und er fiel zurück in das Verhalten eines ängstlichen Jungen, hin und her gerissen zwischen Aufbegehren und dem Wunsch nach Anerkennung.

Und ich? Ich sah die steile Erde unterhalb des Dorfs, die vom Wasser aufgeweicht langsam ins Tal rutschte, manchmal aber einfach auseinanderbrach, gleich einer Narbe aufriss, die sich nach wenigen Wochen grau färbte. Ich sah den alten Tierfriedhof, das Weiss der Knochen und die gelblichen Hörner, die aus dem Boden ragten; Tote, die mit jedem Regenguss ein Stückchen weiter auftauchten. Ich sah die leeren Strassen im Dorf, die geschlossenen Fensterläden hinter denen keine Stimmen zu hören waren. Ich lief an schweigenden Fassaden vorbei, an Eingängen, die keine Menschenspuren trugen, unter Dachgesimsen entlang, die auch bei hochstehender Sonne Schatten warfen und am Abend die Strassen vorzeitig in Dunkel hüllten. Verzweifelt suchte ich nach Auswegen. Um sechs Uhr abends fuhr der letzte Bus, der mich hätte hinausbringen können. Dann kam die Dunkelheit, das Schweigen, die drückende Stille. Dann kam das drohende Nichts.

Wir hatten unseren Beruf nicht aufgegeben, teilten uns eine Stelle bei der Altenbetreuung. Ich lebte auf dem Hof und arbeitete im Tal mit den Alten, das war mir vertraut. Dort stand ich auf festem Grund.

Mit der Zeit erholte er sich. Er sah ein, dass der Weg, den er zurückgelegt hatte, nicht sehr weit war. Er war nach seiner Rückkehr dem Kind in sich begegnet, seiner Hilflosigkeit und seiner Ohnmacht. Das schockierte ihn, und verwirrt wollte er es zunächst nicht annehmen. Aber dann begann er es in die Arme zu schliessen. Er wurde wieder sich selbst, diesmal ungeteilt. Mein Mann, der vor meinen Augen zerfallen war, setzte sich vor meinen Augen wieder zusammen.

Ich konnte meine Sinne wieder nach aussen richten, und Amerika begann sich zu öffnen. Ich lernte, das Läuten der Glocken entziffern. Sie läuteten mittags und sie schlugen abends, um den Kindern zu sagen, sie sollten sich in den Schutz der Häuser begeben; sie schlugen, wenn jemand gestorben war. Aber bevor ihr dumpfer Klang zu ungewohnter Zeit das Dorf erfüllte, ging eine Frau von Haus zu Haus und teilte allen mit, wer der Tote war. Niemand sollte erschrocken auffahren. Trauer, Freude, Anweisungen, die Glocke hatte eine Sprache für alles. Sie spann ein Netz aus Tönen, breitete es über das Dorf aus, drang in die Häuser, in die Geschäfte und Ställe, auf die Felder und in den Wald; alle trafen sich im Rythmus ihrer Schwingungen. Für einen Augenblick hatte jeder im Dorf denselben Gedanken: Der Nachbar ist tot! Es ist Zeit für die Kinder! Es ist Mittag!

Wir woben uns ein in das Leben des Dorfes und brachten das unsrige mit: Er politisierte im Gemeinderat und ich im Frauenverein, dessen Präsidentin ich wurde; wir diskutierten und schwiegen, resignierten, weil alles so langsam ging, und freuten uns, weil sich doch etwas bewegte. Als zum ersten Mal in der Geschichte der Schweiz eine Frau zur Bundesrätin gewählt werden sollte, ihre Wahl aber im letzten Moment verhindert worden war, nahm ich allen schwarzen Stoff, den ich finden konnte, und beflaggte das Haus zum Zeichen meiner Trauer. Hosen, Unterwäsche, Tücher, Schals, Pullover flatterten im Wind weithin sichtbar, und im Dorf schüttelten viele den Kopf, ohne zu verstehen. Aber ich wollte nicht verstanden werden, ich tat, was ich tun musste. Ich äusserte mich in meiner Sprache.

Im Stall verloren wir das Gefühl für Raum und Zeit. Ich legte beim Melken meine Stirn an die warmen Körper der Kühe, liess mir von den Ziegen aus der Hand fressen, päppelte Lämmer hoch und lernte, in den Gesichtern der Schafe lesen. Wenn wir nach der Stallarbeit hochstiegen in die Küche, benommen vom schweren, heissen Atem der Kühe, dem scharfen Geruch der Schafe und Ziegen, war mir, als käme ich von einem tiefen Grund, einem Ort jenseits der Zeit, - es war kein Stillstand, es war Ruhe. Wir waren angekommen in Amerika.

143

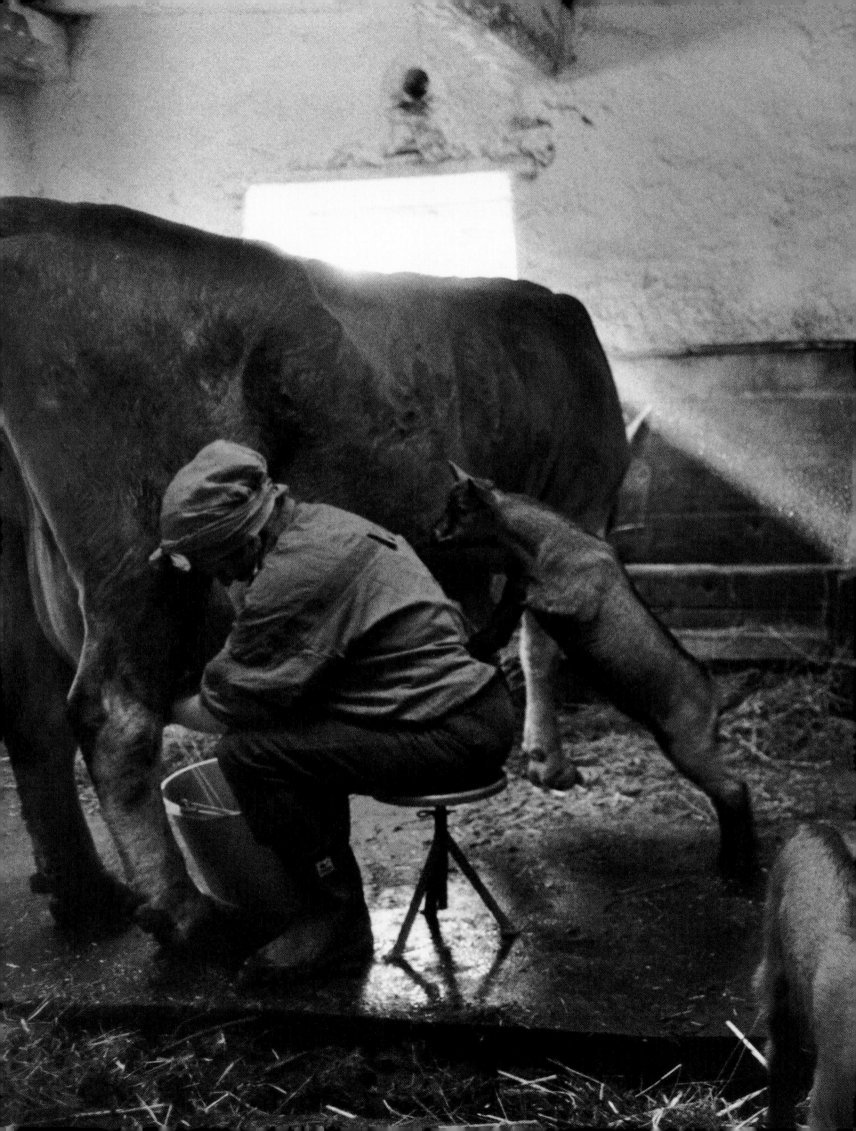

Bondo, Bergell

Adolfo und Sina

Um drei Uhr morgens ist die Nacht noch sternenklar, aber Wind rauscht in den Bäumen, und Adolfo fürchtet, dass es regnen wird. Noch im Halbschlaf riecht er die feuchte Luft, die durch das offene Fenster ins Zimmer fliesst. Als es hell wird, fallen dicke Regentropfen. Er steht auf und geht vor das Haus. Er schaut zuerst auf das Bondasca Tal. Aus dem engen, bewaldeten Spalt quillt dichter Nebel. Noch ein paar Stunden Arbeit, und das erste Heu dieses Jahres wäre eingebracht. Aber jetzt ist das Gras nass. Er geht in die Küche und kocht sich Kaffee. Gestern ist ein wolkenloser Sommertag gewesen. Die Luft sei zu durchsichtig für einen Junitag, hat er seinem Sohn gesagt. Aber mit Regen hat er nicht gerechnet.

Warten. Adolfo geht in den Stall hinunter und schaut dabei immer wieder nach oben. Die Wolkendecke schimmert im Norden weiss. Sie ist dünn. Vielleicht bricht sie auf.

Der Stall ist leer, der Boden sauber gefegt. Die fünf Kühe sind seit Wochen auf der Alp. In ein paar Jahren wird der Stall für immer leer bleiben. Adolfo ist 68, noch hat er die Kraft zum Arbeiten, aber er weiss, dass es nicht mehr lange gehen wird. Sein Sohn will nicht weitermachen. Bis jetzt nicht. Adolfo hofft immer noch. Er will nicht glauben, dass nach ihm keiner mehr kommt. Auch er ist nach seinen Eltern gekommen, fraglos hat er ihre Arbeit fortgesetzt. Viel war es nicht, ein paar Kühe, ein wenig Land, genug, dass es seinem Leben die Richtung gab. Wenn er seine Kühe verkauft haben wird, dann wird er Trauer empfinden. Dass nach ihm keiner kommt: dafür hat er kein Wort, nur ein Achselzucken.

Es regnet immer noch. Warten. Erdklumpen kleben an Adolfos Stiefeln. Er stellt sie vor der Haustüre ab. Seine Frau Sina steht am Abwaschtrog, die Hände im dampfenden Wasser. Er schaut über ihren gebeugten Rücken durchs Fenster in den Himmel. In Richtung Maloja zeigt sich ein heller Fleck. Vielleicht wird der Tag doch schön. Wenn nur der Wind etwas dreht.

Warten. Eine neue Tasse Kaffee. Sina dreht sich um, und schaut Adolfo an. Die Blumen auf ihrer Schürze sind verblasst. Im Ausguss gurgelt Wasser. Wann haben sie das letzte Mal miteinander gesprochen? Adolfo weiss es nicht mehr. Er leert den Rest Kaffee in einem Zug, dabei hebt er die Augen, blickt an Sina vorbei, hinaus ins Freie. Der Himmel hat sich wieder verdunkelt.

Er nimmt eine Zeitung in die Hand, blättert ohne zu lesen, legt sie weg, nimmt sie wieder, blättert, legt sie weg. Sina beugt sich wieder über den Abwaschtrog. Sie spült nach. Wasser trommelt in das Becken. Adolfo geht aus der Küche und stellt sich auf den Treppenabsatz. Es hat aufgehört zu regnen. Das Küchenfenster ist angelehnt. Er hört Geschirrgeklapper. Adolfo schlüpft in die Stiefel und stapft davon.

Ein paar Schritte zum Stall. Ein paar Handgriffe, aber er findet nichts, das ihn längere Zeit beschäftigt. Nichts beruhigt ihn. Das Wetter, das Heu, Sina. Die Gedanken lassen sich nicht vertreiben. Sie schnüren ihn ein.

Das Wetter schlägt um. Sonnenstrahlen brechen durch die Wolken. Am Berghang flammen die Dächer von Soglio auf und versinken nach Sekunden wieder in verwaschenem Grau. Geduld, sagt er sich, Geduld.

In der Küche riecht es nach Fleisch. Sina rührt mit einem Holzlöffel blubbernde Polenta um. Die Tür geht rumpelnd auf. Adolfo neigt den Kopf zu Boden. Sein Fuss ist aus dem Pantoffel gerutscht. Das Essen ist gleich fertig, sagt Sina. Adolfo schlüpft in den Pantoffel und schweigt.

Warten. Auch Sina muss warten. Sie ist gerne im Freien, im Garten, auf der Wiese. Aber heute ist kein guter Tag. Der Regen hält sie fest. Adolfo dreht sich um seine eigene Achse, nimmt wieder die Zeitung, schaut durch das Fenster, öffnet eine Schublade, schliesst sie. Wortlos eingeklemmt, bedrängt, verkeilt. Beide.

Essen. Der Sohn ist auch gekommen, um beim der Heuen zu helfen, aber heute gibt es nichts zu tun. Das Wetter. Schweigen. Gabeln schlagen hell gegen Zähne. Fragen an den Sohn. Er gibt kurze Antworten, Auskünfte über Frau, Kinder, Arbeit. Als er aufbricht, ist die Polenta auf dem Tisch erkaltet, liegt da in einem angebrochenen Haufen und ein paar Leberstücke glänzen fettig in der Pfanne. Adolfo schaut durchs Fenster. Der Himmel drückt auf das Tal. Es regnet wieder.

Wolfenschiessen, Engelbergertal

Toni, Therese,
Toni, Rudi, Franz, Monika und Walter

Toni unternimmt jeden morgen einen Kontrollgang über die Hänge der Kärnalp. Bevor er losgeht, sucht er mit dem Feldstecher nach den Rindern. Er legt sich einen Plan zurecht, wie er auf kürzestem Weg zu allen Tieren kommt. 110 Rinder sind den Sommer über in seiner Obhut. Nachts könnte ein Rind in den Abgrund stürzen oder sich zwischen Felsen verlaufen, mitunter wird eines krank. Toni zieht sich Schuhe mit Eisennägeln an, um nicht auszurutschen, und manchmal schultert er eine Sense.

Auf seinem Gang überprüft er auch die Zaunpfähle. Siebentausend braucht es insgesamt, um die Weiden der Kärnalp und der Oberalp einzuzäunen. Toni und seine Söhne holen das Holz im Sommer aus dem Wald, schälen, schneiden und spitzen es in der eigenen Sägerei. Die frisch bearbeiteten Holzpfähle lagern sie unter dem Vordach der Scheune, im Wald oder am Wegrand. Rund 1000 müssen jedes Jahr ersetzt werden. Bei Wintereinbruch sammeln sie die Pfähle ein oder sie legen sie ins Gras, damit sie nicht unter dem Gewicht des Schnees einknicken. Die kilometerlangen Drähte rollen sie ein. Wenn der Schnee geschmolzen ist, rammen sie die Pfähle in die Erde wie Nomaden, die ein Zelt unter freien Himmel errichten.

Toni hat einen guten Ruf bei den Landwirten, die ihm ihre Rinder in den Sommermonaten übergeben. Manchmal, sonntags, kommt einer von ihnen zur Kärnalp, weil er seine Tiere sehen möchte. Auch Tonis vier Kinder sind oft zu Besuch. Schon als sie klein waren, ging Therese, ihre Mutter, mit den drei Buben und dem Mädchen im Sommer zur Hütte der Kärnalp. Toni erwartete sie. Manchmal stand er vor der Tür. Er trug dicke Hemden. Wenn es heiss war, knöpfte er sie nicht zu. Die Kinder sahen, wie seine Haare von der Brust über den Hals ins Gesicht wuchsen. Im Mund steckte ein Stumpen, der meist kalt war. Auf dem Kopf sass ein Filzhut. Die Kinder waren zwei Stunden gewandert und müde. Durch die Anstrengung, die sie unternehmen mussten, um ihren Vater zu sehen, wuchs sein Ansehen. Sie waren zu ihm gepilgert.

Toni kann an diesem Morgen beruhigt zur Hütte zurückgehen; auch in dieser Nacht ist keinem Rind etwas passiert. Die Sicht ist gut, und er entschliesst sich, seinen Beobachtungsposten zu beziehen. Es ist eine Anhöhe, von der aus er seinen Hof, die Oberalp, überblicken kann.

Breitbeinig stehend, hebt er den Feldstecher an die Augen. Sein Blick bleibt an den primitiven Materialseilbahnen hängen, welche die steilen Wiesen der Oberalp überziehen. Damit werden zentnerschwere Heuballen zu den Scheunen transportiert. Toni war drei Monate alt, als sein Vater von einer dieser Seilbahnen stürzte und sich das Genick brach. Er stellt sich den dumpfen Aufprall des Körpers vor, dann das Zischen des bergab rasenden Heuballens.

Toni wuchs bei der Mutter im Tal auf. Der Pächter der Oberalp, die damals nur im Sommer bewohnt wurde, war sein Vaterersatz. Als Toni alt genug war, trat er sein Erbe an und übernahm die Oberalp, die er nun ganzjährig bewirtschaftete. Den frühen Tod des Vaters verstand er als Verpflichtung, den Bestand des Berghofes zu sichern. Es war die beste Art, mit ihm in Verbindung zu bleiben.

Die Seilbahnkabine fährt ruckend in die holzverschalte Station ein. Wer kommt? Es ist Samstag, und Toni ist seit zwei Tagen ohne Nachricht von zu Hause. Keiner seiner Söhne war in der letzten Zeit hier, auch Therese nicht. Niemand konnte sich bei ihm ankündigen. Er stellt den Feldstecher schärfer ein. Er kann das blonde Haar Thereses und das Blau ihrer Augen erkennen. Der rote Bart des Maurer Franz lodert im engen Blickfeld auf. Seine kräftige Brust spannt sich unter einem weissem T-Shirt, auf dem ein Boxer abgebildet ist. Er schleppt eine Milchkanne. Der Deckel ist offen. Er lässt sie fast fallen. Wasser schwappt in einem hohen Bogen hoch und schillert in allen Farben. Fische, denkt Toni. Franz hat wieder junge Forellen gebracht. Er frischt damit seinen Fischzuchtbestand auf, den er nicht weit von der Oberalp in drei kleinen Teichen hält. Therese und Franz verschwinden unter dem Vordach des Hauses. Toni stellt sich vor, wie die Fische in dem engen Behälter um Platz kämpfen. Es ist so still, dass er zu hören glaubt, wie sie mit ihren Schwänzen gegen die blecherne Wand ihres Gefängnisses schlagen.

Toni setzt das Glas ab und hockt sich auf die Fersen. Seine Arme schliesst er um die Knie. Am Horizont schweben Dunstschleier. Er schaut auf das Haupthaus der Oberalp, die Scheune, den Stall. Keine Bewegung ist auf dem Hof. Nur die Ziegen stehen auf dem Weg, unschlüssig, wohin sie sich wenden sollen. Toni schliesst die Augen. In seiner Vorstellung geht er in die Küche. Mühelos versetzt er sich in die Mitte des Raumes. Er tritt auf einen kleinen Abflussgully. Früher wurden hier Schweine geschlachtet.

Als hätte diese Erinnerung eine Zeitschleuse geöffnet, drängt sich die Vergangenheit in Tonis Kopf. Über die Bodenkacheln fliesst ein dicker Strom aus Blut und Wasser. Der Abfluss gurgelt. Ein zerteiltes Schwein pendelt an zwei Haken. Der Kopf des Schweines liegt auf einem weissen Tisch. Daneben das Schlachtermesser. Niemand ist im Raum. Toni dreht sich auf den Absätzen.

Er reisst die Augen auf. Er greift wieder zum Feldstecher und sucht den Hof ab. Niemand ist zu sehen. Noch einmal versucht er, sich die Küche vorzustellen. Diesmal lässt er die Augen offen. Er sieht den meterlangen Tisch. Therese sitzt auf einem Stuhl und raucht. Franz redet und streicht sich durch den Bart. Er schaut auf die holzgetäfelte Wand. Dort hängt ein Scharzweissbild, das Profil seines Vaters, daneben eine Farbaufnahme von Toni. Es ist eine Ganzkörperaufnahme. Er trägt einen orangenfarbenen Schutzhelm. Mit der rechten Hand hält er eine Motorsäge. Den linken Fuss hat er auf einen gefällten Baumstamm gestützt. Toni betrachtet sich selbst und dann das Bild des Vaters. Sie sind nur wenige Zentimeter voneinander entfernt.

Der Tod hat die beiden nicht auseinanderbringen können. Toni kommt es vor, als ginge er durch die Küche, wie sein Vater durch sein Leben geschritten war - unsichtbar, aber bestimmend.

Die Ziegen springen plötzlich aufgeregt durcheinander. Jemand geht zwischen ihnen durch. Toni drückt sich den Feldstecher an die Augen. Es ist Toni junior, sein ältester Sohn. Schon ist er im Stall verschwunden. Die Wiese unterm Haus. Das Gras steht hoch. Er wird sie jetzt mähen, denkt Toni. Sein Sohn tritt aus dem Stall. Er schiebt eine Mähmaschine vor sich her. An den Aussenseiten der Räder sind Eisen befestigt, die sich in die Erde krallen. Toni junior geht bis an den Waldrand hinunter. Er geht rückwärts, damit er die Maschine mit Muskelkraft zurückhalten kann. Den Bremsen allein vertraut er nicht. Toni kann gerade noch seinen Kopf erkennen, die hellblonden Haare, die ihm in den Nacken fallen. Toni junior bückt sich und ist nicht mehr zu sehen. Er wirft den Motor mit einem Zugseil an. Plötzlich schiesst sein Arm aus dem Gras, der Ellenbogen im spitzen Winkel, rythmisch sticht er in die Luft.

Toni lässt den Feldstecher an seiner Brust baumeln. Er prüft die Wolken. Vielleicht kommt ein Gewitter, aber es ist noch zu früh, um es mit Sicherheit zu sagen. Ein wenig Wind würde genügen, es abzuwenden. Doch beeilen muss er sich trotzdem, denkt Toni, wenn er noch heute mit der Wiese fertig werden will.

Im Frühjahr 1997 fuhr Toni junior mit dem Fahrrad nach Deutschland. Toni war auf der Kärnalp und bekam alle paar Tage Nachrichten von seinem Sohn: Passau, Heilbronn, Frankfurt, Kassel, und dass es ihm gut gehe. 1860 Kilometer in drei Wochen. Etwas viel, aber Toni war Eigensinniges von seinem ältesten Sohn gewohnt. Verweigerung des Militärdienstes, längeres Haar als ortsüblich und das Interesse für biodynamische Landwirtschaft; Toni stört das nicht. Er lässt seinen Sohn in Ruhe. Sollte er einmal den Hof übernehmen, erwägt Toni junior, die Oberalp auf biodynami- schen Landbau umzustellen. Er spricht nicht viel darüber. Die anderen Bauern würden ihn schnell zum Spinner erklären. Es ist ohnehin eine Sache, sagt der Sohn immer, an die man glauben muss. Nichts Neues, schon unsere Vorfahren achteten auf Dinge, die heute vergessen sind; auf den Einfluss des Mondes zum Beispiel oder auf die Aura der Tiere und Pflanzen. Toni weiss manchmal nicht genau, wovon sein Sohn spricht, aber er nimmt es ernst.

Toni greift wieder nach dem Feldstecher, weil sein Sohn aus dem Gras auftaucht. Er hat das T-Shirt ausgezogen. Die Mähmaschine springt und bockt wie ein starrköpfi- ges Pferd. Toni hört nicht, wie sie knattert, aber ihm scheint, als könne er die Auspuff- gase sehen, einen klebrigen Schleier, der die klare Luft verfettet. Er zieht es vor, mit der Sense zu mähen. Wenn er die Sichel kräftig durchzieht, hört er das Gras seufzen.

Franz kommt aus dem Haus und hebt mit einem kräftigen Ruck die Milchkanne hoch. Er geht wieder zurück und erscheint nach einigen Sekunden an der Tür, die

Richtung Kärnalp führt. Er verabschiedet sich von Therese. Die Küche hat zwei
Eingänge, das liebt Toni an seinem Haus. Als Kind hatte er die Vorstellung, die Küche
sei eine Raststation. Gäste aus dem Tal kamen durch die eine Tür, und durch die
andere verliessen sie das Haus. Was sie erzählt hatten, beschäftigte ihn manchmal tagelang. Sie waren wie Reisende, die von weit her kamen. Die Oberalp war eine Station,
bei der sie sich von der Last ihrer Geschichten befreiten.

Toni schaut auf die Uhr. Es ist spät geworden. Heute ist Mariä Himmelfahrt, und wie
jedes Jahr findet auf einer tiefergelegenen Alp ein Messe unter freiem Himmel statt.
Toni entschliesst sich, hinzugehen, ohne vorher noch einmal zur Hütte zurückzukehren.
Nach wenigen Minuten erreicht er eine Kuppe, die ihm den Blick auf die Alphütte
freigibt, vor der die Messe stattfinden wird. Er kann nicht widerstehen, hockt sich erneut
hin und schaut durch den Feldstecher. Vor der Hütte sitzen viele Menschen an langen
Tischen. Der Hang ist besprenkelt mit Besuchern. Der Priester unterhält sich mit einigen
Männern. Er trägt eine grosse, dunkle Brille und ein blaues Hemd, das bis zum Kragen
geschlossen ist. Auf seinem Kopf sitzt eine verwaschene Stoffmütze. Zwei Männer stellen
einen Holztisch auf und breiten die Schweizerfahne darüber aus. Der Priester geht in die
Alphütte, um sich das Messgewand überzuziehen.

Toni müsste sich beeilen, um den Messebeginn nicht zu verpassen. Auf dem steilen
Wiesenhang, gleich unterhalb der Hütte, sieht er Therese. Sie trägt einen prall gefüllten
Rucksack und geht in engen Serpentinen. Sie muss die Abkürzung durch den Wald genommen haben. Es ist ein schmaler Weg, der dem Bach entlangführt. Das Wurzelwerk, über
das man steigen muss, ist nass und glitschig. Vor ein paar Wochen haben sie zusammen diesen Weg genommen. Als sie die Stelle erreichten, wo man den Bach überqueren muss, blieb
Therese stehen. Sie schaute um sich. Schotter, Steine, Baumstrünke, Äste. Nie sieht es hier
gleich aus, sagte sie. Einmal habe ich die Stelle nicht mehr gefunden, so sehr hatte sie sich
verändert. In diesem Moment kam Toni der Gedanke, dass er sich sein Leben lang nicht
von seinem Geburtsort wegbewegt hatte – und doch nie an demselben Ort gewesen war.

Therese ist fast angekommen. Sie bleibt noch einmal stehen, um sich auszuruhen,
bevor sie die letzten steilen Meter aufsteigt. Ihr Brustkorb hebt und senkt sich schnell. Die
Riemen des Rucksacks haben Striemen in ihre nackte Schulter gerieben. Er sollte sich
aufmachen, aber er schaut weiter durch den Feldstecher, auf seine Frau, die jetzt die Alphütte erreicht hat. Sie bläst die Wangen auf. Er kann die geplatzten Äderchen erkennen,
die in ihrem Gesicht eine rote Flusslandschaft zeichnen. Schweiss rinnt von ihrer Stirn.
Keuchend sucht sie sich einen Platz auf dem Hang. Die Erde ist feucht und aufgewühlt,
weil die Messebesucher ihre schweren Bergschuhe ins Gras stemmen, um besseren
Halt zu haben. Der Priester beginnt mit der Messe. Die Sonne steht hoch am Himmel.
An einem Holzmast weht die Schweizer Fahne. Wind kommt auf. Die Fahne flattert,
hängt wieder schlaff.

Toni bricht auf. Im Gehen dreht er sich noch einmal um. Knapp unterhalb des Berg-
kamms zwischen Felsen heben sich hell schimmernde Rechtecke wie frisch gereinigte
Teppiche von den dunkelgrünen Wiesen ab. An ihren Rändern stehen Rinder
und grasen. Wolkenschatten jagen geräuschlos über die Hänge. Toni kommt in eine
Senke, die mit Wasser vollgesogen ist. Die Schuhe schmatzen. Er nimmt den letzten
Anstieg mit grossen Schritten, dann steht er im Rücken der versammelten Gemeinde.
Der einschläfernde Singsang des Priesters kriecht den Hang hinauf. Papier raschelt
im Wind. Ein Hund bellt.

Therese dreht sich um. Toni steht hinter ihr. Sein dichter Bart verdeckt den Mund.
Die Falten an seinen Augenwinkeln spannen sich. Therese weiss, dass er lächelt.

175

Belalp, Aletschgletscher

Martin, Gerhard, Alex, Emil,
Emmanuel, Martin, Roger, Remo

Gras wuchert in der Wolle. Das Maul ist voll Schlamm. Das Fleisch ist verwest und sinkt in die Erde. Die Augen sind leergetrunken. Das Schaf ist schon lange tot, sagen die Hirten.

Die Wolle zittert im Wind. Der Körper ist aufgedunsen. Der Kopf klebt am Boden. In den Augen ist Himmel. Das Schaf ist seit zwei Tagen tot, sagen die Hirten.

Der gebrochene Fuss pendelt am bebenden Körper. Der Knochen ist weiss wie die Wolle des Lamms. Der Bach nässt die Ufersteine. Das Lamm rutscht aus und bleibt am Ufer liegen. In seinen Augen ist Dämmerung. Ein paar Tage hat es noch, sagen die Hirten.

Die Hütte zieht die Nacht über wie eine schwarze Jacke. Die Hirten schlüpfen in die Hütte. Der Kamin hisst eine Fahne. Die Sterne durchlöchern die Fahne. Kerzenlicht flackert auf den geröteten Gesichtern der Hirten. Fleisch stopft ihnen den Mund. In den Kleidern trocknet der Schweiss. Die Kleider hängen an Nägeln. Die Männer legen sich auf Matratzen. Ihr Atem geht durchs Fenster in die Nacht hinaus.
    Die Kleider werden klamm an den Wänden, und in den Schuhen hockt die Kälte.

Es regnet. Im Tal liegt ein Meer. Peitschen knallen. Schafe blöken. Hirten schreien. Der Nebel schweigt.
    Der Nebel wabert, und die Hütte schwankt. An den Hälsen der Schafe pendeln Glocken. Die Glockentöne verstummen im Holz der Hütte. Die Hirten sind fliegende Schatten am Rande der Herde.

Die Rückkehr. Die Hirten uniformieren sich mit rot-gelb karierten Hemden. Auf den Köpfen schwanken breitkrempige Hüte. Auf den Krempen baumeln Schafblumen, und darüber spannt sich ein wolkenloser Himmel.
    Die Hirten treiben die Herde in ein Tal, das sich wie ein Flaschenhals verengt. Im Flaschenhals warten scharfkantige Steine. Die Schafe bocken. Die Schafe stolpern. Die Schafe bluten. Die Hirten schlagen mit Peitschen auf ihre Rücken. Ihr Knall erstickt in der Wolle. Die Schafskörper zucken und pressen sich aneinander. Sie drücken die Angst weg.
    Ein klaffender Abgrund. Wasser tobt. Ein Weg bohrt sich in den schwarzen Fels. Er saugt die Schafe in sich hinein. Schaulustige sitzen zwischen glatten Steinen. Die Ferngläser ziehen die Schafe ans Auge. Die Wolle wogt im Rhythmus der Schritte. Aus den Mäulern trieft Speichel. Steine fliegen in den Abgrund und zeichnen Bögen in die Luft. Das Holz der Brücke dröhnt.

Die Schafe sind erschöpft. Sie zittern. Ihre Augen sind feucht. Sie haben ihr Blöken verschluckt. Die Hirten schwitzen. Unter ihren Augen liegen Schatten.

Die Belalp. Die Terrasse ist überfüllt mit Menschen. Sie halten ihr Gesicht in die Sonne und trinken Bier. Der Geruch nach Bratwürsten und Senf schwimmt in der Luft. Eine Musikgruppe spielt auf. Indios verkaufen Indiohüte. Es ist heiss. Die Schafe haben Verspätung. Immer mehr Indiohüte sitzen auf Schweizerköpfen. Unter den Indiohüten spiegeln Sonnenbrillen die Gletscherzunge. Schief hängt eine Wiese unter der Kapelle, und die Wiese ist behängt mit Menschen.

Die ersten Schafe kommen. Der Hirt geht gekrümmt. Nebel hockt in seinen Knochen. Ein Schaf springt auf den Hang unter der Kapelle. Die Menschen laufen auseinander, und der Hirt schwingt die Peitsche. Das Schaf erschrickt und rennt zurück zur Herde. Es presst sein Gesicht an die Körper der anderen Schafe.

Die Schafe kommen in Gruppen auf den Platz. Zwischen den Gruppen ist viel Abstand. In den Abstand drängt sich die Langeweile. Die Langeweile kriecht auf die Gesichter der Zuschauer. Die Musik spielt nicht mehr. Es riecht nicht mehr nach Bratwürsten. Immer mehr Indiohüte gehen Richtung Seilbahn.

Der Morgenkaffe dampft. Alkohol stockt in den Augen der Hirten. Zwischen den Steinmauern liegen Teppiche aus Schafen. Auf den Mauern halten die Schafbesitzer Ausschau nach ihren Tieren. Sie greifen nach ihnen. Die Schafe zappeln.

193

Stationen auf einer Zeitreise durch den Alpenraum

Jon Mathieu

Wer sich – aus welchen Gründen immer – auf eine historische Reise durch das Berggebiet und den Alpenraum begibt, wird anderen Bildern und anderen Geschichten begegnen als in diesem Buch.

Nicht dass alles verschieden wäre. Der Zeitreisende bekommt in seiner Periode (sagen wir im 16. bis 19. Jahrhundert) Sensen, Rückentragkörbe und weitere Geräte zu Gesicht, so ähnlich wie sie die Familie Metrailler in Evolène oder die Familie Coretti in Soglio heute benutzen. Natürlich kann er auch viele Tiere beobachten, deren Nachfahren oder zumindest Gattungsverwandte sich gegenwärtig auf den Weiden, in den Ställen, wenn nicht auf der improvisierten Metzgerbank befinden. Und schliesslich, für uns ganz zentral, begegnet er zahlreichen Personen auf ihren unterschiedlichen Lebenswegen.

Dieser letzte Punkt ist weniger selbstverständlich, als man zunächst denken mag. Die Gefährten des Historikers, die Reiseschriftsteller und frühen Naturforscher, interessieren sich nämlich oft genug mehr für die Gipfel und Gletscher der Alpen als für die Menschen in deren Umgebung.

Und doch, das meiste ist anders. Das beginnt beim einzelnen Gegenstand, der vom Ende des Mittelalters bis in unsere Tage noch so ähnlich aussehen mag; wenn sich der Kontext ändert, nimmt er eine ganz neue Bedeutung an. Ist eine Sense zu einer Zeit, die auch die Grasgewinnung mit der Sichel, ja das Grasrupfen von blosser Hand kennt, vergleichbar mit der heutigen Sense, die sich neben modernen Mähmaschinen sofort als langsames, altertümliches Gerät zu erkennen gibt?

Noch deutlicher wird der Wandel bei den Tieren in ihrer körperlichen Veränderung und vor allem bei den Menschen in ihrem sozialen und ökonomischen Umfeld. Die «Bauern am Berg» in diesem Buch bilden eine kleine Minderheit der heutigen Bergbevölkerung, und es ist nicht leicht, sich in eine Epoche zu versetzen, in der sich die grosse Mehrheit mit Landwirtschaft abgibt. Das bedeutet unter anderem, dass die Bauersleute auch viele, vor allem handwerkliche Tätigkeiten verrichten, die wir heute nicht dem «Agrarsektor» zurechnen. Die Unterschiede zwischen den einzelnen «Betrieben» nehmen sich in dieser Gesellschaft ganz anders aus als die Unterschiede zwischen den traditionellen und den modernen Betrieben, wie sie hier zu beobachten sind.

Eine Reise in die Vergangenheit ist also kein Sonntagsausflug. Die Route, die wir im folgenden einschlagen, bestimmt sich nach der Biographie des Leiters. Von der Mikrogeschichte eines heute schweizerischen Bergtals ist er über andere historische Studien mehr oder weniger zufällig zur Makrogeschichte des Alpenraums gekommen. Die Skizzen und Reflexionen beschränken sich daher nicht auf das Berggebiet in den vertrauten nationalen Grenzen, sondern versuchen, dieses Gebiet in einen weiteren Rahmen zu stellen. Zum Programm: Wir machen an sechs Stationen halt und bewegen uns dabei von der Alp zur menschlichen Siedlung, von der Siedlung zum Staat.

Die Alp ist gross, aber mager

Wenn es das eigentlich Alpine in der Geschichte gibt, dann auf der Alp, hoch oben auf den riesigen Sommerweiden mit ihren verstreuten Viehherden und ihren einsamen Hirten. So will es die intellektuelle

Tradition. Die Alpen sind ein grosses Gebirge und verkörpern sich in ihren weitläufigen Alpweiden. Im Helvetischen Lexikon, Band 1, erschienen anno 1747, findet man das Stichwort in der ersten und auch in dieser zweiten Bedeutung: «Alpen, Alpung, werden in den Eydgenössischen und Zugewandten Orten dermahlen gemeinlich genennet die Weyden auf den hohen Bergen, welche nicht abgemayet, wol aber von dem Vieh, mit welchem man, wie es heisset, zu Alp fahret, den Sommer durch abgeätzet werden.»

Ludwig Wallrath Medicus, ein deutscher Schriftsteller, der fünfzig Jahre später (und damit früher als viele andere) einen ausführlichen Bericht über die Alpwirtschaft veröffentlicht, hat das Helvetische Lexikon möglicherweise konsultiert. Bevor er seine Forschungsreise ins Gebirge antritt, stehen ihm jedenfalls nur schriftliche und mündliche Auskünfte zur Verfügung. Die Alpwirtschaft denkt er sich daher als intensive Form der Viehwirtschaft, die er, der Agrarreformer, allgemein zu fördern gedenkt.

«Was die Fruchtbarkeit der Alpen betrift, so gieng es mir, wie so manchen andern Reisenden: ich hatte so viel von der Fruchtbarkeit und Ergiebigkeit der Alpen gehört, dass ich mir vorstellte, die Kühe müssten wenigstens bis an den Bauch im Gras gehen, weil ich diese Bergweiden mit Wiesen verwechselte.» Am Reiseziel angekommen, staunt Medicus nicht wenig über die wirklichen Alpweiden und ihr «kurzes, ganz niederes Gras», das gleichwohl eine «gemächlichen Unterhalt, ja sogar Reichthum» verheissende Vieh- und Milchwirtschaft ermögliche.

Wie es sich mit diesem Reichtum und vor allem mit seiner Verteilung verhält, sei hier dahingestellt, doch eines muss angesichts weiterhin tradierter Unklarheiten über unsere Epoche gesagt sein: Die Alpwirtschaft ist eine extensive Wirtschaftsform. Die Hochweiden können nur während wenigen Monaten im Jahr bestossen werden, ihr Anteil am Gesamtprodukt der Berglandwirtschaft ist im allgemeinen kleiner als man denkt. Die meisten Güter werden nämlich auf den Siedlungsstufen erzeugt, wo sich auch der grösste Teil der Bevölkerung während der längsten Zeit aufhält.

Man tut den Hirten, Sennen und Senerinnen keinen Abbruch, wenn man ihre saisonale Beschäftigung und Leistung als solche benennt. Die Überlieferung, wonach die Alp das Zentrum der alpinen Lebenswelt bildet, ist vor allem eine Erfindung von Intellektuellen, die das Gebirge oft von aussen betreten oder auch nur beschreiben; man kann es ihnen fast nicht verargen, wenn sie sich täuschen und täuschen lassen wollen. Doch nun hinunter zum Wald.

Der Wald dehnt sich aus

Der frühneuzeitliche Wald dient allen möglichen Zwecken, nur nicht dem Spazieren und Pilzsammeln, ausser am Alpensüdhang, wo sich die Leute schon früh an Pilze heranwagen. Wo die Wälder sehr weitläufig sind, können sie sogar zum Getreideland mutieren. In der Obersteiermark geht das so: Die sogenannten Waldbauern verfügen in der Nähe ihrer verstreut liegenden Höfe über intensiv genutzte Grundstücke, daneben legen sie jährlich neue Äcker an, je nach Ressourcen und Bedarf etwa alle 15 bis 50 Jahre an derselben Stelle. Zunächst wird der zwischenzeitlich aufge-

kommene Wald geschlagen, um die besseren Stämme betrieblichen und kommerziellen Zwecken zuzuführen. Dann äschert man das übrige Holz in einem kontrollierten Verfahren ein, verwendet den Brand kurzfristig als Acker und anschliessend eine Zeitlang als Weide, nachher wächst er wieder ein. Diese Brandwirtschaft ist in manchen Regionen der Ostalpen kein Randphänomen wie in unseren Gegenden (wo man sie ebenfalls kennt), sie ist bei allem Archaischen, das wir in ihr erblicken mögen, ein rationelles Verfahren. Die letzten Brände werden in der zweiten Hälfte des 20. Jahrhunderts gelegt.

Dabei hätte man im 19. Jahrhundert allen Grund gehabt, diese Nutzungsart einzustellen. Der «Schutz der Gebirgswälder» wird damals im ganzen Alpenraum zu einem Gegenstand der politischen Besorgnis und staatlichen Intervention. Und dies nicht von ungefähr: Es gibt Versorgungsprobleme (Bergwälder liefern Holz für den steigenden Bedarf im Flachland), es geht um den Aufbau von zentralen Forstverwaltungen, ja um die beabsichtigte nationale Integration. Im Mittelpunkt der öffentlichen Debatte stehen aber Überschwemmungen und Überschwemmungsgefahren in Tal- und Flachlandgebieten, die man der Entwaldung von Berggebieten zuschreibt.

Schnell und stark entwickelt sich der staatliche Protektionismus in Frankreich, wo der Umgang mit dem Wald besonders von einer Studie über Gebirgs- und Sturzbäche im Departement Hautes-Alpes gebrandmarkt wird. «The work provided justification for taking forest management away from peasants», stellt eine Anthropologin fest, «by apparently demonstrating that communal practices of pasturing sheep in forests, as well as extravagant woodcutting and clearing, had drastically increased river flooding.»

Der Zusammenhang zwischen Entwaldung und Überschwemmung ist eine nicht uninteressierte Behauptung von Forstleuten und Politikern, welche der Realität nur in geringem Mass entspricht. Andere Gründe sind für die Gefährdung von Flusslandschaften wesentlich wichtiger. Doch die Behauptung verfängt und trägt dazu bei, dass der Wald nun mit staatlicher Hilfe viele Gebiete zurückerobert, die er seit Jahrhunderten an die Bergbevölkerung abgetreten hatte.

Man braucht nur ein Bild aus jener Zeit etwas genauer zu betrachten, um sich dessen zu vergewissern. Von Jan Hackaert, einem niederländischen Künstler, stammt eine minuziöse Federzeichnung des bündnerischen Schamsertals in der Mitte des 17. Jahrhunderts. Nehmen Sie eine Reproduktion dieser Zeichnung samt einer Postkarte, die Ihre Grossmutter aus dem Tal erhalten hat, mit auf die Reise ins Schams! Der ausgedehnte Wald wird leicht als Kind des technischen Zeitalters zu erkennen sein.

Das Feld fordert mehr und mehr Arbeit

1677 werden die Tiroler Bauern in einer Flugschrift als «arbeitsame Bergameisen» bezeichnet. Hundert Jahre später heisst es in einer Abhandlung über diese grosse Gebirgsregion: «... dass es unserem Landmanne an der Arbeitsamkeit nicht mangle, hiervon überzeugen uns unzählige Proben. Wir sehen ihn auch das undankbarste Erdreich mit unermüdetem Fleisse bearbeiten; er lässt sich die Mühe nicht reuen, auf die abhängigen Äcker die sich fast alljährlich herabsenkende Erde auf seinem Rücken wieder hinaufzuschlepppen, um den obern Teil seines Feldes bey der alten Fruchtbarkeit zu erhalten. Er scheut keine Ungemächlichkeit, die Fruchtbarkeit der Gründe bis an die steilesten Höhen der Berge zu erweitern, obschon solche, da das Pflügen wegen der grossen Abhängigkeit nicht stattfindet, alleine mit den Händen durch das mühsame Hauen bearbeitet werden müssen.»

Kein Zweifel, die Landwirtschaft in den Bergen erfordert Arbeit – mehr Arbeit, Anstrengung und Mühe als in der Ebene (falls diese nicht mit grossem Einsatz entwässert und bewässert werden muss). Aber wir sollten deshalb nicht meinen, die Bauern seien in den Alpen gleichsam als Ameisen geboren, ihre Belastung sei von Jahrhundert zu Jahrhundert unverändert hoch. In Wirklichkeit nimmt die Arbeit massiv zu. Von 1500 bis 1900 steigt die Bevölkerung im Alpenraum schätzungsweise fast um den Faktor drei. Immer mehr Leute erwirtschaften auf demselben Boden immer mehr Produkte. Das ist nur mit einen Zusatzaufwand möglich:

Von der extensiven Schafhaltung abkommen und dafür mehr Rindvieh, namentlich Kühe, halten! Dann wird die Stallfütterung wichtiger, demzufolge die Futterproduktion. Also die Wiesen nicht nur einmal, sondern mehrmals pro Jahr mähen und zudem fleissig wässern und düngen. Statt die Äcker immer wieder ruhen zu lassen, alljährlicher Anbau und womöglich eine Nachfrucht pflanzen! Mais und Kartoffeln, seit dem 16. Jahrhundert bekannt, seit dem 18. Jahrhundert richtig eingeführt, eignen sich ebenfalls gut zur Intensivierung. Ein Kartoffelacker wirft mehr ab als ein Getreideacker gleicher Grösse, gibt aber viel mehr zu tun.

Dies erweist sich in unserer Periode als wichtiges Merkmal der Agrarentwicklung: Die Flächenproduktivität steigt, die Arbeitsproduktivität sinkt. Daher übernimmt man Neues im allgemeinen nur zögernd bzw. unter Druck. Extensive Nutzungsweisen wie die Brandwirtschaft sind im Aufwand-Ertrags-Verhältnis oft günstiger als intensive und werden beibehalten, solange hinreichend Boden zur Verfügung steht. Viele moderne Ökonomen, welche Fortschritt mit Produktivitätssteigerung gleichsetzen, haben keinen Begriff von dieser Scherenbewegung – der Agrarwissenschaft des 19. Jahrhunderts ist sie noch ganz geläufig.

Gerade damals beginnen sich die Dinge aber zu ändern. Die technische Revolution in der Landwirtschaft sorgt jetzt für neue Entwicklungsbedingungen, was das Berggebiet, maschinell nur schlecht zu bearbeiten, im Verhältnis zum Flachland schwer benachteiligt. Bis 1850 und darüber hinaus fallen Unterschiede und Neuerungen im Gerätebestand hingegen relativ wenig ins Gewicht. Wenn die Bauern zum Mais- oder Kartoffelbau übergehen, wechseln sie zum Beispiel, unabhängig von der Geographie, oft auch vom Pflug- zum Hackbau, also vom «effizienten» zum «ineffizienten» Gerät.

Die Siedlung zeigt Gesellschaftsunterschiede

Damit sind wir schon in der Siedlung angekommen, im Mittelpunkt des gesellschaftlichen Lebens. Hier steht die Kirche, hier finden wir meistens ein Wirtshaus, und hier ist nun mit aller Deutlichkeit zu sagen,

dass Berggebiet nicht gleich Berggebiet ist. Stellen wir uns für einen Moment zwei Regionen vor, beide zur Hauptsache landwirtschaftlich orientiert:

In Region A besteht die Besiedlung aus gestreuten, oft stark bevölkerten Einzelhöfen. Die durchschnittliche Haushaltsgrösse bewegt sich zwischen 7 und 9 Personen. Die Mehrzahl der Haushalte verfügt über Knechte und Mägde. Im Durchschnitt trifft es fast 3 auf einen Betrieb, aber einzelne grosse bringen es auf 10, 15, ja 25. Insgesamt setzt sich ein Viertel bis ein Drittel der Bevölkerung aus Gesindepersonen zusammen. Sie verbringen in der Regel ein, zwei Jahre auf einem Hof, nachher quittieren sie den Dienst, um in der Umgebung eine neue Stelle anzutreten. Viele von ihnen sind schon in die Unterschicht geboren, häufig aus nichtehelichen Verbindungen, hohe Illegitimitätsquoten sind in der Gegend normal.

Region B ist geprägt von einer dörflichen Siedlungsweise und von kleinbäuerlichen Betrieben (wie man sie in viel geringerer Zahl auch in Region A findet, wo sie eine von den Höfen unterschiedene Kategorie bilden). Ein durchschnittlicher Haushalt umfasst lediglich 4 Personen. Betriebe mit Gesinde sind selten. Die Personen, welche man als Knechte und Mägde anspricht, bilden 1 Prozent der Bevölkerung. Anders als in Region A heben sich die Bauern in diesem Milieu nicht als besondere Statusgruppe ab, doch an sozialer Hierarchie und klientelistischer Abhängigkeit besteht ebenfalls kein Mangel, unter anderem weil die Bodenparzellen nicht alle den Bewirtschaftern gehören. Es ist mehr die Form der Hierarchie, welche sich unterscheidet – vielfach abgestuft und artikuliert in Region A, eher informell und graduell in Region B.

Die Daten für die beiden Steckbriefe kommen aus den Archiven, vor allem von einer Reihe sogenannter Seelenbeschreibungen aus der Zeit um 1760. Die Periode ist aber ausnahmsweise nicht entscheidend, frühere und spätere Quellen würden Ähnliches ergeben. Den Ort müssen wir dagegen präzisieren: Hinter der grossbäuerlichen, gesindereichen Region A verbirgt sich das österreichische Herzogtum und spätere Bundesland Kärnten. Kärnten fällt in den Ostalpen nicht etwa aus dem Rahmen. Ein extremes Beispiel für die grossbäuerlichen Verhältnisse des Ostens ist jener Pinzgauer «Bauernkönig», der im Jahr 1798 auf seinem Hof nicht weniger als 43 Knechte und Mägde in Dienst hat.

Eine Agrarfabrik solchen Ausmasses wird man im Zentrum und Westen des Alpenbogens vergeblich suchen. Der Freistaat der Drei Bünde und spätere Kanton Graubünden, die kleinbäuerliche Region B, ist nämlich ebenfalls typisch für ein grosses Gebiet. In den französischen, in den italienischen, in den schweizerischen Alpengebieten vom Wallis bis ins Appenzellische – fast überall wimmelt es so sehr von Kleinbauern, dass manch einer auf den Gedanken gekommen ist, die Natur dafür verantwortlich zu machen. Doch viele Statistiken zeigen, wie eben dargelegt, eine West-Ost-Differenz innerhalb des Alpenraums. In Wirklichkeit müssen wir die Gründe für die Betriebs- und Besitzverhältnisse nicht in der alpinen Umwelt, sondern in der gesellschaftlichen Entwicklung suchen.

Dass es sich mit der Stadt etwas anders verhält, ahnt schon Giovanni Botero, der bekannte Gesellschaftstheoretiker. Anno 1588 schreibt er in seinem Buch über die Grösse und Würde der Stadt, ein Motiv für Menschenansammlungen liege in der Suche nach Schutz vor verschiedenen Gefahren, wie ihn bergige und rauhe oder auch sumpfige und andere isolierte Orte böten. Als Piemontese hat er bei den «luoghi montuosi ed aspri» zweifellos den Alpenkranz vor Augen. Weil aber mit der Sicherheit dieser Orte gewöhnlich keine besondere Gunst bezüglich Territorium, Verkehr, Attraktion und Unterhaltung verbunden sei, habe man dort nie sehr berühmte Städte gesehen: «non vi si è visto mai città molto famosa.»

Tatsächlich, die Alpen bilden in der Geschichte einen städtearmen Raum. Die berühmten Städte liegen im Tiefland, im 16. Jahrhundert vor allem in Oberitalien. Bereits um 1500 zählt Venedig ungefähr 100'000 Einwohner, Mailand ist ebenso gross, daneben gibt es zahlreiche weitere Städte. Insgesamt haben etwa drei Dutzend von ihnen 5000 und mehr, manchmal viel mehr Einwohner. Im ganzen, weit grösseren Alpenraum findet man zu jener Zeit wahrscheinlich nur eine einzige zusammenhängende Siedlung, die mindestens 5000 Personen umfasst und die wir deshalb als Stadt bezeichnen wollen.

Im Laufe der Zeit überschreiten dann etliche Orte diese Grenzmarke. Um 1800 zählen wir neun, um 1900 schon zweiundvierzig alpine Städte. Die Städte des Umlands wachsen und vermehren sich jedoch in schnellerem Tempo, so dass die Urbanisierungs-Differenz nicht abnimmt, sondern erheblich grösser wird. Auch wenn das Gebirge nun wesentlich mehr Bevölkerungszentren aufweist als zu Beginn der Neuzeit, im Vergleich zum Umland ist die Verteilung der städtischen Bevölkerung so ungleich wie nie zuvor.

Städte sind privilegierte Orte der gesellschaftlichen Beschleunigung. Durch die schiere Anzahl Menschen und Kontaktmöglichkeiten gleichen sie, wie Fernand Braudel schreibt, Transformatoren. «Sie erhöhen die Spannung, beschleunigen den Austausch und bringen unablässig Bewegung in das Leben der Menschen.» Man kann vermuten, dass sich dies im alltäglichsten Verhalten niederschlägt, dass die Leute in der Stadt zum Beispiel, unter sonst gleichen Bedingungen, schneller gehen als auf dem Land, dass sie häufiger und schneller miteinander reden, aufeinander einreden. Aus der Sicht eines bündnerischen Hochtals ist die Lagunenstadt ein Konsumparadies: «Uoi! da Vnescha, Vnescha, Vnescha / Quai vain oura tampastinas / Quai vain oura atschischinas / Quai vain oura zücherats ...» (Hei! aus Venedig, da kommen Pfeffermünzli, saure Zeltli, gewöhnliche Zückerli ...)

Kein Wunder, dass man sich der urbanen Faszination weder entziehen kann, noch entziehen will. Jedenfalls ist der Alpenraum ein Gebiet mit einer langen Auswanderungstradition. Die Zahl der Leute, welche zeitweise oder endgültig fortziehen, übersteigt diejenige der Zuzüger deutlich. Dies vermindert auf der einen Seite das Entwicklungspotential. Auf der anderen Seite stehen mehr oder weniger enge Verbindungen zum Flachland am Ursprung vieler Innovationen, die mit der Zeit in die entlegensten Bergdörfer dringen.

Der Staat gehört nur teilweise dazu. Territoriale politische Macht entsteht und organisiert sich ja auch im Berggebiet selber. Doch die äusseren Impulse sind nicht zu übersehen. Die wirklichen Machtzentren liegen mindestens seit dem 16. Jahrhundert zum grossen Teil am Fuss oder ausserhalb des Gebirges. So wie die erwähnten Zentren Oberitaliens, so wie Wien, München, Zürich oder Bern, ja so wie Paris. Die andere Seite dieser alpinen Machtferne ist ein vergleichsweise hohes Mass an regionaler und lokaler Autonomie, zeitgenössisch gesprochen: ein gerüttelt Mass an «Rechten und Freiheiten». Das Berggebiet der nachmaligen Schweiz bildet dafür ein gutes, aber nicht das einzige Beispiel.

Die Vergrösserung der Staaten, ihre zunehmende Verwaltungstätigkeit samt dem um sich greifenden Nationalismus des 18. und vor allem des 19. Jahrhunderts haben für die Alpen zwei Folgen. Sie verringern die Distanz zu den Machtzentren des Umlands und vergrössern gleichzeitig die Abhängigkeit von ihnen. Am anschaulichsten lässt sich der doppelte Vorgang an den Grenzen nachvollziehen. Im Inneren eines jeden Landes baut man sie ab, zwischen den Nationalstaaten werden sie aber zu Barrieren von bis dahin unbekannter Höhe. Die Bergbevölkerung verwandelt sich jetzt erst recht in eine Art Grenzbevölkerung.

Zumindest räumlich. In einem anderen Sinn rücken die Bergler bzw. die vielen Bauern unter ihnen seltsamerweise näher zum Mittelpunkt. Mit der Ablösung von feudalen Herrschaftsrechten vor, während und nach der Französischen Revolution gelten sie nun überall als vollwertige Staatsbürger. Schon dadurch kann sich ihr Ansehen dramatisch verändern. Doch der Prestigegewinn geht weiter. Der im Gebirge so gut vertretene «Bauernstand» wächst nun mehr und mehr in die Rolle eines geistigen Kerns der Nation, was ihm seit dem späten 19. Jahrhundert auch materiell zugute kommt. Aus politischen Gründen beginnt der Staat die krisengeschüttelte Landwirtschaft zu unterstützen, um sich so ihre Loyalität einzuhandeln: Die Nationalisierung der Bauern hat eingesetzt.

Vermutlich wäre es auch möglich, die Staatsbildung anhand der Tiere zu beschreiben, denn die Tiergesellschaft trägt oft nur allzu deutlich den Stempel der menschlichen Gesellschaft. Wer hält zum Beispiel den Stier für die Kühe der Gemeinde? In der frühen Neuzeit sind an manchen Orten die Träger der politischen Macht dazu verpflichtet, in einer bischöflichen Stadt kann man durchaus den «Pfarr» (Zuchtstier) des Bischofs benutzen. Nach 1800 erscheint die Verpflichtung dann als alter Zopf; Leistung und Einheitlichkeit werden nun in der Nachwuchsförderung zu Hauptkriterien, und zwar im grossen Massstab.

In der Schweiz vermittelt die erste internationale Viehausstellung von Paris im Jahr 1855 wichtige Anregungen. Einflussreiche Kreise lassen sich davon überzeugen, «dass die notwendigen Rasseverbesserungen nur durch Reinzucht zu erzielen seien» (so ein Fachmann). Die landläufigen Viehschläge sind alles andere als rein, die Kontrolle der Tiere muss sich folglich zur buchhalterischen und statistischen Angelegenheit entwickeln. Die erste Erhebung des schweizerischen Rindviehs nach «Rassen» wird 1886 veranstaltet. Ab 1890 richtet der Bund Beiträge aus an Rindviehzuchtgenossenschaften, die im Handelsregister eingetragen sind. Bis zur Jahrhundertwende können schon über dreihundert davon profitieren: Die Nationalisierung der Kuh hat begonnen.

Zurück zum Anfang

Am Ziel angekommen, erinnert sich der Reiseleiter an sein anfängliches Versprechen, das schweizerische Berggebiet in einen weiteren Rahmen zu stellen. Sollen wir unser Gebiet vom Ende des Mittelalters bis ins 19. oder 20. Jahrhundert innerhalb des Alpenraums als etwas Besonderes betrachten?

Nein: Alpweiden finden sich weiterum, und ökonomisch ist die Alpwirtschaft ohnehin weniger wichtig als man denken könnte. Der Wald wird überall vielfältig genutzt, seit dem 19. Jahrhundert dehnt er sich allgemein aus. Die Bevölkerung nimmt in den meisten Gebieten zu, damit in der Regel auch die Intensität der Landwirtschaft. Die kleinbäuerlichen Betriebs- und Besitzverhältnisse teilen die schweizerischen Bergregionen mit den französischen und den italienischen. Die Städtedichte ist im ganzen Alpenraum geringer als im Umland, die zahlreichen damit verbundenen Folgen gleichen sich stark. Selbst politisch lässt sich Gemeinsames ausmachen. Lokale und regionale Körperschaften, die stolz auf ihre «Rechte und Freiheiten» sind, gibt es nicht nur hierzulande.

Mit der Zeit auch *Ja:* Bei der Politik können wir freilich ebensogut von Besonderheit sprechen, denn die Wege der Staatsbildung sind nirgends so lokalistisch wie in den Berggebieten, welche mehr oder weniger eng zum Corpus Helveticum gezählt und im 19. Jahrhundert in den schweizerischen Bundesstaat integriert werden. Für die Aufklärer ist die kommunale Herrschaftsform ein Zeichen von Freiheit und Gleichheit, die sie im grösseren Gesellschaftsraum durchsetzen möchten. Ohne die Rolle gesucht zu haben, leuchten ihnen die helvetischen Alpen bei diesem vornehmen Bemühen voraus. So wird die Schweiz in der öffentlichen Darstellung mehr als früher ein alpines und bald auch bäuerliches Land. Die Bergbauern bilden, allerdings auf Abruf, seine ideale Verkörperung.

Das ist natürlich alles Makrogeschichte. Die alltagshistorischen Erfahrungen stehen auf einem anderen Blatt, soweit man gelebtes Leben auf Blättern, mit Wort und Bild, überhaupt festhalten kann.

Mich würde zum Beispiel die Geschichte von Jon Mathieu interessieren. Mein Grossvater, geboren 1882, Bauer und Zuchtbuchführer in einer jener sechstausend Alpengemeinden bzw. tausend Schweizer Berggemeinden, pflegte wenig bis nichts zu reden, wenn er im Sommer an der Seite des Pferds den langen Weg vom Dorf zu den Bergwiesen unter die Füsse nahm. Die Hitze war unsäglich gross. Die Eltern sagten, das Pferd sei altersschwach, wir Kinder durften uns nicht auf den Wagen setzen. In den Wiesen sprangen bei jedem Schritt Heuschrecken auf. Der Grossvater hatte eine dicke Brille. Von Zeit zu Zeit nahm er sie ab, mir fiel dann auf, dass sich das Gestell wirklich in die Nase einschnitt. Der alte Mann liess die Verwandten aus der Stadt reden. Vielleicht hätte er seine Geschichte erzählt, wenn wir nicht immer die unsere erzählt hätten.

Literatur

BAUMANN, WERNER: *Verbäuerlichung der Nation und Nationalisierung der Bauern.* In: Schweizerisches Landesmuseum (Hg.): Die Erfindung der Schweiz 1848-1998. Bildentwürfe einer Nation. Zürich 1998.

BERGIER, JEAN-FRANÇOIS: *Histoire économique de la Suisse.* Lausanne 1984.

BRÄNDLI, DANIEL, UND CHRISTIAN PFISTER: *Überschwemmungen im Flachland – eine Folge von Abholzungen im Gebirge? Zur Durchsetzung eines neuen Erklärungsmusters im 19. Jahrhundert.* In: Ruth Kaufmann-Hayoz (Hg.): Bedingungen umweltverantwortlichen Handelns von Individuen. Bern 1997.

BRAUDEL, FERNAND: *Civilisation matérielle, économie et capitalisme, XVe-XVIIIe siècle,* 3 vol. Paris 1979.

MATHIEU, JON: *Eine Agrargeschichte der inneren Alpen. Graubünden, Wallis, Tessin 1500-1800.* Zürich 1992.

MATHIEU, JON: *Geschichte der Alpen 1500-1900. Umwelt, Entwicklung, Gesellschaft.* Wien 1998.

TANNER, ALBERT, UND ANNE-LISE HEAD-KÖNIG (HG.): *Die Bauern in der Geschichte der Schweiz / Les paysans dans l'histoire suisse.* Zürich 1992.

Berglandwirtschaft im Spannungsfeld von Markt, Politik und Gesellschaft

Peter Rieder

1. Einleitung

Zur Zeit sind weltweite Liberalisierungen der Agrarmärkte und Deregulierungen der nationalen Marktordnungen im Gange. Diese haben auch Auswirkungen auf die Landwirtschaft im Alpenraum. Denn bekanntlich weist das Berggebiet natürliche Nachteile gegenüber anderen Regionen auf. In diesem Beitrag werden diese Aspekte zuerst bezüglich des Strukturwandels, dann der Agrarpolitik und schliesslich bezüglich der Auswirkungen der eingeleiteten agrarpolitischen Reform auf die Berglandwirtschaft besprochen. Anschliessend wird das Leitbild einer Ökologischen Wettbewerbslandwirtschaft beschrieben und gefragt, wie weit dieses auch Gültigkeit für die Berglandwirtschaft besitzt.

2. Zur Entwicklung der Berglandwirtschaft seit 1950

Das gesamtwirtschaftliche Umfeld

Wenn wir zuerst die gesamtwirtschaftliche Entwicklung im Berggebiet darlegen und erst nachher die spezifische Entwicklung des Agrarsektors betrachten, so geschieht dies, weil die ausserlandwirtschaftliche Entwicklung für den Wandel in der Berglandwirtschaft entscheidend war. Dies trifft deshalb zu, weil a) durch den wirtschaftlichen Aufschwung der Nachkriegszeit sich ein gewaltiger Sog nach Arbeitskräften aus der Landwirtschaft entwickelte, b) die Mobilität, vor allem der jungen Menschen zunehmend grösser wurde und c) ein mehr oder weniger autonomer technischer und biologischer Fortschritt mit beachtlichen Produktivitätssteigerungen auf die Berglandwirtschaft zukam.

Um 1950 waren die meisten Dörfer im Berggebiet noch Bauerndörfer. Ausnahmen bildeten einige wenige Kurorte wie St. Moritz, Davos und Zermatt. In den Bauerndörfern lebten, bezogen auf den kargen Boden, viele Leute. Dann setzte im Berggebiet der Wasserkraftwerkbau und im Talgebiet ein hohes Industriewachstum ein. Es entstand eine grosse Nachfrage nach Arbeitskräften im Bauhaupt- und -nebengewerbe, aber auch ein Sog nach Lehrlingen in den Fabriken des Talgebietes. Viele Landwirte konnten ohne Wohnortswechsel den Beruf wechseln. In das Talgebiet und in die Industriezentren wanderten vor allem die Schulentlassenen ab. Gleichzeitig verschwanden in den Bergdörfern viele Gewerbebetriebe.

Eine zweite Abwanderungsphase fällt in die sechziger Jahre, als der Wintertourismus aufkam. Die davon induzierten Bau- und Holzgewerbebetriebe und das Gastgewerbe brachten neue Arbeitsplätze. Diese Entwicklung liess zwei Arten von Bergdörfern entstehen, nämlich Tourismusdörfer und Bauerndörfer, denn nicht alle Talschaften sind für Wintersport geeignet. Wo dies nicht der Fall ist, wandern viele junge Leute ab oder werden - wie typischerweise im Kanton Wallis - zu Tagespendlern, indem sie im Heimatdorf wohnen, aber unten im Tal in den Fabriken arbeiten. Die Frauen und Grossväter betreiben dann in der Regel eine kleine angestammte Nebenerwerbslandwirtschaft.

In dieser Zeit setzte auch die Mechanisierung der Berglandwirtschaft ein. Die Landmaschinenindustrie entwickelte speziell kleine und leichte Maschinen, die für das Berggebiet willkommene Arbeitserleichterungen brachten. Die Arbeitsproduktivität erhöhte sich, Betriebe wurden grösser, man begann neue Ställe und maschinengerechte Wege zu bauen; Güterregulierungen wurden in Angriff genommen. In den meisten Dörfern blieben nur noch relativ wenige Landwirtschaftsbetriebe übrig.

Strukturwandel in der Berglandwirtschaft

Die Berglandwirtschaft der letzten 40 Jahre ist durch einen eindrücklichen Wandel in den Strukturen und der Mechanisierung gekennzeichnet. Abbildung 1 zeigt die Entwicklung von Zahl und Grösse der Landwirtschaftsbetriebe im Berggebiet auf. Die Abnahme der Gesamtzahl der Betriebe war äusserst gross und erfolgte vor allem auf Kosten der kleineren Haupterwerbsbetriebe von 2 bis 10 ha. Die heute noch bestehenden Kleinbetriebe sind fast ausnahmslos Nebenerwerbsbetriebe. Gleichzeitig fand eine starke Abnahme der landwirtschaftlichen Arbeitskräfte statt. Der Anteil der Handarbeit ist dabei stark zurückgegangen, ohne jedoch ganz zu verschwinden. In sehr steilem und coupiertem, aber auch schlecht erschlossenem Gelände leisten die Bergbauern auch heute noch Handarbeit. Der tierische Zug hat dagegen vollständig seine Bedeutung verloren. Sehr wichtig für die Arbeitserleichterung und die rationelle Rauhfutterernte sind die Mähmaschinen und der Transporter mit Ladewagen.

Abbildung 1

Entwicklung von Zahl und Grösse der Landwirtschaftsbetriebe im Berggebiet

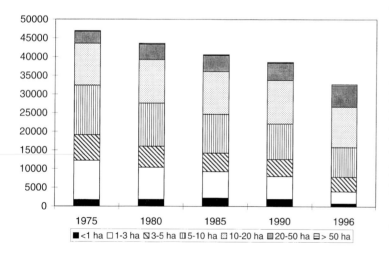

Quelle: SBS, Stat. Erhebungen und Schätzungen, div. Jahrgänge

3. Agrarpolitische Reaktionen zugunsten der Berglandwirtschaft

Wichtigste gesetzliche Grundlage für die Agrarpolitik der letzten 40 Jahre ist das Landwirtschaftsgesetz von 1951. Bereits Artikel 2, Absatz 1 dieses Gesetzes besagt, dass bei dessen Durchführung die erschwerten Produktions- und Lebensbedingungen in den Berggebieten besonders zu berücksichtigen seien. Damit wurde der Grundsatz festgehalten, dass die Berglandwirtschaft eines besonderen Schutzes bedarf. Artikel 29 dieses Landwirtschaftsgesetzes gewährt kostendeckende Preise für Inland-

produkte. Diese Garantie dominierte bis 1992 die Agrarpolitik. Den Bergbauern blieb vorerst lediglich der tote Buchstabe im Gesetz. Mit der Gewährung kostendeckender Preise wurde nämlich primär auf die Tallandwirtschaft und nicht auf die Berglandwirtschaft Rücksicht genommen. Wer als Landwirt garantierte Preise erhält, wird dann am meisten profitieren, wenn er möglichst viel und kostengünstig produzieren kann. Aus einheitlichen Preisen resultieren somit bei unterschiedlichen natürlichen Produktionsbedingungen und Rationalisierungsmöglichkeiten nach und nach Einkommensdisparitäten.

Eine weitere Folge der Preis- und Absatzgarantie, auf die hier allerdings nicht näher eingegangen werden soll, war eine fortwährende Produktionsausdehnung, die auf verschiedenen Märkten zu Überschüssen führte. Die agrarpolitische Reaktion darauf waren verschiedene Produktions- und Absatzbegrenzungen wie die Milchkontingentierung, die Festlegung von Höchsttierbeständen, Stallbaubewilligungspflicht etc.

Zwar gab es bereits in der Botschaft zum Landwirtschaftsgesetz von 1951 Vorstellungen, wie die spezielle Situation der Berglandwirtschaft berücksichtigt werden sollte, nämlich „beispielsweise durch Zuschläge bei den Subventionen, höhere Anbauprämien für Futtergetreide, Frachtbeiträge an den Transport von Zucht- und Nutzvieh, Unterstützung von Viehzuchtgenossenschaften und Förderung des Viehexportes".

Zur Realisierung eines ersten Schubes differenzierter Massnahmen zugunsten der Berglandwirtschaft kam es Ende der fünfziger und Anfang der sechziger Jahre. Damals wurden auf Druck der sich vergrössernden Einkommensdisparitäten im Rahmen des Milchwirtschaftsbeschlusses (MwB 59) die ersten Kostenbeiträge eingeführt. Entscheidend für deren Realisierung war, dass im Rahmen der Beratungen des Milchwirtschaftsbeschlusses der Vorschlag des Bundesrates, der die Berglandwirtschaft von der Mitfinanzierung der Milchüberschüsse zu Lasten der Tallandwirtschaft befreien wollte, keine Mehrheit fand. Das Parlament entschied sich vielmehr für einen Gegenvorschlag mit Kostenbeiträgen zur Abgeltung der erschwerten Produktionsbedingungen im Berggebiet. Anfänglich bildete der Milchwirtschaftsbeschluss die gesetzliche Grundlage für diese Beiträge. 1964 wurde ein eigenes Gesetz geschaffen. 1971 wurde dessen Geltungsbereich ausgedehnt, 1974 wurde das Gesetz neu konzipiert und 1982 einer Teilrevision unterzogen (u.a. Beitragsanpassungen durch den Bundesrat; Rahmenkredit durch das Parlament).

In die gleiche Zeit der ersten Direktzahlungen fällt die Realisierung der Betriebsbeiträge in der Tierzuchtverordnung. Diese Beiträge waren als Massnahme zur Verbesserung der Tierzucht und Tierhaltung gedacht. Umfangmässig blieben sie marginal und trugen praktisch nichts zur Einkommenssteigerung der Berglandwirtschaft bei.

Ebenfalls noch in die „Gründerzeit" differenzierender Massnahmen fällt das «BG über die Förderung des Absatzes von Zucht- und Nutzvieh...» von 1962 (ab 1978 Viehabsatzgesetz). Dieses bildete die Rechtsgrundlage für Ausmerzbeiträge, Entlastungskäufe und Exportbeiträge von Zucht- und Nutzvieh aus dem Berggebiet. Bereits 1953 wurde in der Allgemeinen Landwirtschaftsverordnung (ALV) die

Möglichkeit für Exportbeiträge geschaffen. Das neue Viehabsatzgesetz brachte eine Rechtsgrundlage mit einem erweiterten Anwendungsbereich.

Gleichzeitig mit diesen ersten Differenzierungen wurden 1958 die drei Bergzonen nach Viehwirtschaftskataster geschaffen. Diese Zonenregelung wurde allmählich zu einem sehr differenzierten Zonensystem erweitert: Voralpine Hügelzone (1971), Bergzone IV (1980), im Talgebiet die ackerbaulich relevante Übergangszone (1977) und die erweiterte Übergangszone (1982). Die Zoneneinteilung war eine wichtige Grundlage, um agrarpolitische Massnahmen überhaupt differenzieren zu können.

Die sechziger und siebziger Jahre waren durch eine Phase der Konsolidierung, Verfeinerung und Anpassung dieser genannten Gesetze und Massnahmen geprägt. Die Agrarpolitik war in jener Zeit sehr stark mit Überschussproblemen, namentlich im Milchsektor, beschäftigt. Dazu kamen in den siebziger Jahren die Defizite des Bundes, welche den finanzpolitischen Handlungsspielraum einschränkten.

Ende der siebziger Jahre veränderte sich dieses Umfeld: Das Milchüberschussproblem wurde über eine Kontingentierung administrativ geregelt. Die Lage des Bundeshaushaltes hatte sich wieder verbessert. Dazu kam der allgemeine Trend zu vermehrter Förderung von flächenabhängigen Familienbetrieben. Ein weiteres neues Element war der Ruf nach einer Trennung der Preis- von der Einkommenspolitik. Weil aber damals die Vertreter der Tallandwirtschaft noch keine konzeptionelle Änderung der Agrarpolitik wollten, resultierte als kleinster gemeinschaftlicher Nenner der Vorschlag von Bewirtschaftungsbeiträgen (Flächen- und Sömmerungsbeiträge) für das Berggebiet. Diese wurden 1980 eingeführt. Zusammenfassend ist festzuhalten, dass die Agrarpolitik auf die zunehmenden Einkommensdisparitäten vor allem mit folgenden drei Spezialgesetzen zugunsten der Berglandwirtschaft reagiert hat:
– Bundesgesetz über Kostenbeiträge an Viehhalter im Berggebiet und in der voralpinen Hügelzone, vom 28. Juni 1974 (Kostenbeitragsgesetz; erste Version 1959 im MwB; 1964 eigenes Gesetz)
– Bundesgesetz über die Förderung des Absatzes von Zucht- und Nutzvieh, von Pferden und Schafwolle, vom 15. Juni 1962 (Viehabsatzgesetz)
– Bundesgesetz über Bewirtschaftungsbeiträge an die Landwirtschaft mit erschwerten Produktionsbedingungen, vom 14. Dezember 1979 (Flächenbeitragsgesetz)

Dazu kommen weitere Beitragsdifferenzierungen im Ackerbau und im Bereich der Strukturpolitik. All diese Bestrebungen hatten grundsätzlich den Abbau der Disparitäten zum Ziel. Die Agrarpolitik hat damit einiges für die Berglandwirtschaft getan.

4. Die neue Agrarpolitik: Ökonomische und ökologische Auswirkungen auf die Berglandwirtschaft der Schweiz

Seit 1992 ist die schweizerische Agrarpolitik in einem markanten Umbau. Dieser umfasst folgende drei Schritte:
– Abänderung des bisherigen Art. 29 des Landwirtschaftsgesetzes und seine Ergänzung durch die neuen Artikel 31a und 31b
– Beitritt zum neuen WTO/GATT-Vertrag (Ergebnis der Uruguay-Runde)
– Vollständiger Umbau des Landwirtschaftsgesetzes, bekannt unter der Bezeichnung Agrarpolitik 2002 (AP 2002).

Diese Neuorientierung der schweizerischen Agrarpolitik hat vor allem eine interne Ursache. Denn wegen der bis 1992 gewährten kostendeckenden Preise, des perfekten Aussenhandelsschutzes und der Exportsubventionen entstanden folgende Probleme:
Kaum finanzierbare Marktüberschüsse,
eine umweltgefährdende Produktionsintensität und
interventionistisch bedingte Einkommensunterschiede innerhalb der Landwirtschaft (Berg-/Talgebiet, kleinere/grössere Betriebe, Milch/Fleischproduktionsbetriebe).

Die externe Ursache lässt sich mit folgenden Stichworten angeben: Internationale Agrarmarktüberschüsse infolge des Agrarprotektionismus der Industrieländer; totaler Preiszusammenbruch auf den Agrarmärkten in den achtziger Jahren; zunehmende Armut in vielen Entwicklungsländern; Zusammenbruch der Planwirtschaften. Dies waren bekanntlich die Hauptgründe für die Uruguay-Runde im Rahmen des GATT.

Ergänzung des Landwirtschaftsgesetzes mit den Artikeln 31a und 31b von 1992

Mit dieser Gesetzesveränderung wurde die Trennung der Produktpreis- von der Einkommenspolitik für die ganze Landwirtschaft vollzogen. Ab jenem Zeitpunkt wurde der produktbezogene Agrarschutz (Milchpreise, Getreidepreise, etc.) schrittweise gesenkt, und die Einkommen wurden zunehmend über ergänzende produktionsunabhängige Direktzahlungen ausgeglichen. Weil diese Direktzahlungen produktionsunabhängig sind, also an Betriebe und an die Flächen gebunden, führte bereits dieser Umbau zu regional unterschiedlichen Auswirkungen. Produktionsintensive Betriebe hatten durch den Preisabbau relativ grössere Verluste als extensiv produzierende, während alle die gleichen Zahlungen pro Fläche bzw. pro Betrieb erhielten. Abbildung 2 zeigt, wie die Beiträge des Bundes sich zwischen 1988 und 1994 verändert haben.

203

Abbildung 2

Umbau der Agrarstützung seit 1990

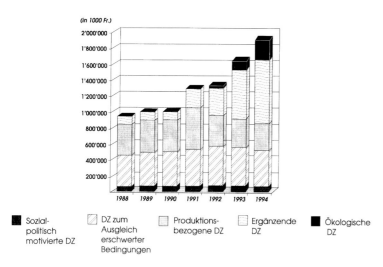

Quelle: Stabsstelle Agrarwirtschaft, BLW

Ob die Agrarstrukturen auf diesen Umbau auch erwartungsgemäss reagiert haben, lässt sich wegen der wenigen Jahre erst durch gezielte Einzeluntersuchungen aufzeigen. Wir haben solche an den verfügbaren Daten in den Kantonen Bern und Graubünden vorgenommen. Ausgehend von einer erwarteten durchschnittlichen jährlichen Abnahme der Anzahl Betriebe von zwei Prozent stellt man fest, dass die Abnahmen in den intensiv produzierenden Talregionen grösser als in den extensiver produzierenden Bergzonen sind. Diese, wenn auch als provisorisch zu betrachtenden Veränderungen, weisen zumindest darauf hin, dass regional unterschiedliche Tendenzen zu erwarten sind; auch dürfte die Agrarproduktion tendenziell ökologischer werden, und die Agrarüberschüsse sollten abnehmen. Bekannt ist ferner, dass relativ viele Landwirte, insbesondere im Berggebiet, auf die speziellen ökologischen Beiträge nach Art. 31b reagiert bzw. ihre Betriebe auf diese Produktionsformen umgestellt haben (Baur 1995).

GATT-bedingte regionale Auswirkungen

Die wichtigsten drei agrarbezogenen Verpflichtungen der Uruguay-Runde des GATT sind folgende: Erstens müssen die Agrarpreise gesenkt werden, zweitens muss ein minimaler Marktzutritt für Agrarprodukte gewährt werden und drittens sind die Exportsubventionen zu kürzen. Besonders zu beachten ist, dass der Agrarschutz nur dort abgebaut werden muss, wo keine Produktionsbeschränkungen angewendet werden (Kontingentierungen). Ferner sind produktunabhängige Zahlungen nach wie vor möglich (Green Box).

Von den Auswirkungen der GATT-Beschlüsse sind folgende für die hier vorliegende Fragestellung relevant (Rieder et al. 1995):
– Die weitere Senkung der Agrarpreise und deren teilweiser Ausgleich durch Direktzahlungen wird die bereits oben erwähnte Tendenz der relativen Bevorzugung extensiv produzierender Betriebe im

Berggebiet im Vergleich zu eher intensiven Betrieben verstärken. Konkret bedeutet dies eine relative Bevorzugung des Berggebietes und der Regionen mit eher grösseren Betrieben (Westschweiz).
– Weil im Laufe der Anpassung bis zum Jahre 2002 die Produktpreise gesenkt und die Direktzahlungen ausgebaut werden sollen, interessiert die Frage der dannzumaligen Zusammensetzung des Gesamterlöses der Landwirte in verschiedenen Regionen. Nach unseren Berechnungen (Rieder et al. 1995) schwanken die Anteile der Direktzahlungen von rund 8 % im Talgebiet bis zu rund 20 % Prozent in den Bergzonen 2-4. Hier ist erklärend beizufügen, dass diese Direktzahlungen aus verschiedenen Einzelabgeltungen für umweltrelevante Leistungen bestehen. Jede hat ihr Ziel. Die Landwirte sind sich dessen bewusst und reagieren auch gezielt auf die einzelnen Direktzahlungen. So ist der relativ hohe Anteil von Biobetrieben in den Bergzonen 2-4 durch die leichte Umstellungsmöglichkeit (kein Ackerbau) zu erklären.
– Im Einzelnen haben die GATT-Verträge von 1994 zur Folge, dass auch die Exportbeiträge für Zucht- und Nutzvieh aus dem Berggebiet abgebaut werden müssen. Davon sind vor allem die traditionellen Viehexportregionen betroffen. Die Preise dürften langfristig tatsächlich sinken, jedoch soll ein gleichwertiger Ausgleich über Direktzahlungen erfolgen.
– Von den vereinbarten Kürzungen der Exportbeiträge für Käse sind vor allem die intensiven Milchproduktionsbetriebe im Voralpengebiet betroffen. Aber auch hier ist vorgesehen, durch Direktzahlungen die bereits eingeleiteten Milchpreissenkungen zu einem grossen Teil auszugleichen.

Agrarpolitik 2002

Und schliesslich wird zur Zeit (1998) das ganze Landwirtschaftsgesetz neu geschrieben. Mit dieser neuen Agrarpolitik fallen fast alle staatlichen und halbstaatlichen Eingriffe auf den Märkten weg. An deren Stelle tritt Marktfreiheit. Mit anderen Worten, jeder Landwirt soll das machen, was er für sich am günstigsten hält. Zwei Elemente werden dadurch neu sehr wichtig, nämlich die Lage seines betrieblichen Standorts einerseits und das Absatzpotential für seine Produkte. Beide Elemente sind für jeden einzelnen Landwirt verschieden. Somit lässt sich auch nur noch theoretisch weiter argumentieren, was mögliche Auswirkungen auf einzelne Regionen sein werden. In gewissen Regionen wird die Belieferung von regionalen Märkten das beste sein; an anderen Orten ist die Produktsammlung durch regionale Genossenschaften, die die Güter auf grössere Märkte bringen, das Angebrachte. Touristenregionen mögen saisonale Absatzmärkte haben; andere Regionen haben andere spezifische Markt- und Produktionsvorteile.

Zur Nachhaltigkeit der Landwirtschaft unter regionalen Aspekten

Die neue Agrarpolitik 2002 soll optimale Rahmenbedingungen festlegen, durch die eine private Landwirtschaft auch die öffentlichen Ziele der

Gesellschaft erfüllt. Dazu sind die oben beschriebenen Massnahmen nötig. Diese Massnahmen haben effizient, effektiv und auch sozialverträglich zu sein. Darauf sei hier nicht weiter eingetreten; für die folgenden Ausführungen interessiert uns vielmehr die Frage, ob man die beschriebenen neuen agrarpolitischen Konzepte auch mit den regionalen Erfordernissen des Nachhaltigkeitskonzepts (nach RIO-92) in Übereinstimmung bringen kann. Was muss sich diesbezüglich gegenüber der Vergangenheit konkret ändern? Kann eine Berglandwirtschaft überhaupt am Nachhaltigkeitskonzept gemessen werden?

Das Konzept der Nachhaltigkeit enthält bekanntlich eine

– ökologische,
– ökonomische (volkswirtschaftliche) und
– soziale Dimension.

Das Konzept verlangt, dass gleichzeitig alle drei Dimensionen minimale Standards aufzuweisen haben oder dass Verbesserungen der einen Dimension nicht auf Kosten einer anderen erfolgen (sog. Win-Win Konzept der Weltbank; Serageldin 1995). Die alte Agrarpolitik hat ganz eindeutig sowohl die ökologische wie auch die volkswirtschaftliche Komponente vernachlässigt und ihr Schwergewicht auf eine sozial motivierte Erhaltungspolitik gelegt. Diese Politik hat zweifellos zu regionalen Strukturen geführt, die im positiven Sinne ländliche Kulturlandschaften prägten. Das Konzept war aber nicht nachhaltig, was die oben erwähnten Probleme belegen. Somit stellt sich zukunftsorientiert die Frage, ob die neue Agrarpolitik die wirtschaftliche und die ökologische Dimension verbessert, ohne die soziale zu verschlechtern. Darauf wollen wir zuerst eine allgemeine und dann eine regionenbezogene Antwort geben.

Im allgemeinen kann gesagt werden, dass durch den Umbau der Agrarpolitik (inkl. des Gewässerschutzgesetzes) bei allen drei Dimensionen Verbesserungen oder zumindest keine Verschlechterungen entstehen. Die ökologischen Verhältnisse werden verbessert, indem durch Produktpreissenkungen die ökonomischen Anreize reduziert werden, zu intensiv zu produzieren. Das Gewässerschutzgesetz und die spezifischen Beiträge nach Artikel 31b des Landwirtschaftsgesetzes wirken in die gleiche Richtung. Ökonomisch bzw. volkswirtschaftlich wird sich die Situation verbessern, weil nach und nach die Marktkräfte zu effizienteren Produktionsstrukturen führen werden. Die soziale Dimension wird auf gezielte Weise über die vorgesehenen Direktzahlungen angestrebt, indem diese wie ein soziales Auffangnetz wirken, ohne den Markt zu stören.

Die regionsbezogene Antwort zur Nachhaltigkeit der anzustrebenden Agrarstrukturen geben wir, indem wir auf die Aktionsparameter zurückgreifen, die der Staat auch unter der neuen Agrarpolitik in seiner Kompetenz behält. Der Strukturwandel hängt von vier Determinanten ab, nämlich den Produktpreisen, den regionalen Arbeitsmarktverhältnissen, den Direktzahlungen und den Strukturanpassungsmassnahmen. Die Produktpreise sind, wie oben dargelegt, nicht mehr im Kompetenzbereich des Staates. Die regionalen Arbeitsmarktbedingungen, die von Region zu Region sehr unterschiedlich sein können, liegen auch nicht im Einflussbereich der Agrarpolitik, allenfalls der regionalen Wirtschaftspolitik. Dem Staat verbleiben die zwei Aktionsbereiche

Direktzahlungen und Strukturmassnahmen. Mit diesen beiden Massnahmen hat der Staat die Möglichkeit, regional unterschiedlich zu wirken. Er kann diese nach ungleichen Kriterien anwenden und so auf Besonderheiten unterschiedlicher Agrarstrukturen in einzelnen Regionen Rücksicht nehmen. Durch geschickte Kombination dieser zwei Massnahmengruppen kann er wesentlich dazu beitragen, dass sich die Forderungen nach Nachhaltigkeit effizienter und auch effektiver als bisher erreichen lassen. So wird es grundsätzlich möglich, gleichzeitig sowohl ökologische wie auch ökonomische Forderungen zu erfüllen. Im Sinne eines Leitbildes sprechen wir dann von einer Ökologischen Wettbewerbslandwirtschaft.

5. Ökologische Wettbewerbslandwirtschaft: ein landwirtschaftliches Leitbild auch für den Alpenraum?

Am Ende des vorangehenden Abschnitts haben wir den Begriff Ökologische Wettbewerbslandwirtschaft als Leitbild eingeführt. Dieser Begriff wurde geschaffen, als man für die Landwirtschaft eine Synthese von Ökologie und Ökonomie suchte (Baur et al.1995). Dieses Leitbild wurde drei Alternativen gegenübergestellt, wie dies aus der Tabelle 1 hervorgeht. Das Leitmotiv, alternative Leitbilder zu entwickeln, war, ein Leitbild zu entwickeln, bei dem sowohl die ökonomischen als auch die ökologischen Anforderungen an die Landwirtschaft in gesellschaftlich gefordertem Ausmass erfüllt werden.

Tabelle 1

Vier mögliche Leitbilder zur Landwirtschaft der Schweiz

	Weg I Produktions-landwirtschaft	Weg II Ökologische Produktions-landwirtschaft	Weg III Ökologische Wettbewerbs-landwirtschaft	Weg IV Bereitstellungs-landwirtschaft
Oberziel	Erhaltung möglichst vieler Betriebe und der bäuerlichen Kultur	Erhaltung möglichst vieler Betriebe und der bäuerlichen Kultur sowie Förderung einer umweltverträglicheren Landwirtschaft	Erhaltung einer flächendeckenden, wettbewerbsfähigen und umweltverträglicheren Landwirtschaft	Erhaltung einer minimalen Produktionsbereitschaft

Beim Leitbild *Produktionslandwirtschaft* (Weg I) handelt es sich um den Weg, den die Agrarpolitik der Schweiz seit 1950 rund dreissig Jahre lang gegangen ist. Die Erhaltung möglichst vieler Betriebe stand im Vordergrund. Die Strategie bestand in der Einkommenssicherung über Preise und in bescheidenem Ausmass in Kostensenkungsmassnahmen. Dieser Weg hat zu den in diesem Artikel weiter oben beschriebenen Problemen ökologischer und ökonomischer Art geführt.

Die zweite Alternative eines Leitbildes heisst *Ökologische Produktionslandwirtschaft*. Im Vergleich zu Weg I bleibt hier die Erhaltung möglichst vieler Betriebe und einer herkömmlichen bäuerlichen Kultur, wird aber ergänzt durch eine spezifische Förderung einer umweltverträglichen Landwirtschaft. Der Kostenseite wird dabei kaum Beachtung geschenkt, während andererseits so hohe Ökologisierungsbeiträge gefordert werden, bis die Betriebe auch ihre Einkommensansprüche befriedigt haben. Einkommenspolitik wird also unter dem Deckmantel der Ökologisierung betrieben. Die entsprechende Politik ist in der Schweiz etwa von Mitte der achtziger Jahre bis heute betrieben worden. Artikel 31b des Landwirtschaftsgesetzes und die erste abgelehnte und die zweite Kleinbauerninitiative entsprechen grosso modo diesem Leitbild.

Eine weitere Alternative besteht in einer *Bereitstellungslandwirtschaft* als Leitbild. Auf diesem Weg würde man nur noch eine Produktionsbereitschaft sicherstellen. Strukturerhaltung und Einkommenssicherung als Teilziele liesse man fallen. Entsprechend würde sich die Agrarpolitik auf weit geringere Eingriffe begrenzen. Es würden von selbst marktgerechte Agrarstrukturen entstehen. Dieser Weg wird zum Vergleich immer wieder in die Diskussion eingebracht, liegt aber bisher ausserhalb aller politischen Willensäusserungen des Schweizervolkes zur Agrarfrage.

In den drei skizzierten Alternativen von Leitbildern ist nirgends die Forderung, dass sowohl ökologische als auch ökonomische Ziele gleichzeitig erfüllt sein müssen, aufgestellt worden. Dies tun wir jedoch mit dem Leitbild der *Ökologischen Wettbewerbslandwirtschaft*. Als Ziel verlangt dieser Weg die Erhaltung (oder Wiederherstellung) einer flächendeckenden, wettbewerbsfähigen und gleichzeitig umweltverträglichen Landwirtschaft. Auf der Massnahmenebene verlangt dieser Weg, den Strukturwandel stärker zu fördern und verschiedene Massnahmen zu reduzieren oder abzuschaffen, andererseits aber neue Massnahmen, die zu einer gezielten Ökologisierung der gesamten Landwirtschaft führen, einzuführen.

Der Forderung, auch im Berggebiet die Landwirtschaft nach dem Leitbild der Ökologischen Wettbewerbslandwirtschaft auszurichten, kann entgegengehalten werden, sie vernachlässige die natürlichen und topographischen Nachteile des Alpenraumes, oder aber sie reduziere die Anzahl der Landwirte zu stark und wäre schon gar nicht geeignet für die vielen Nebenerwerbsbetriebe, die es im Berggebiet gebe. Diesen berechtigten Einwendungen können folgende Argumente entgegengestellt werden: Den ökologischen Anforderungen an die Landwirtschaft im Alpenraum kommt unseres Erachtens eine sehr grosse Bedeutung zu. Dort sind viele Böden fragiler als im Flachland; um so wichtiger ist es, dass in jenen Gebieten weder eine Übernutzung noch eine Unternutzung stattfindet. Weder Hangstabilitäten, die Biodiversität noch kleine oder grössere Gewässer dürfen gefährdet werden. Neben diesen physischen Aspekten der Alpenlandwirtschaft gibt es ihren ästhetischen Wert. Dieser schlägt sich in den Landschaftsbildern nieder, die zum schweizerischen Kulturgut gehören und beim nichtbäuerlichen Bewohner unseres Landes einen eindeutigen Wert besitzen. Gerade weil dem so ist, sind vorhandene heutige Übernutzungen und teilweise auch Unternutzungen mit geeigneten Massnahmen zu korrigieren. Soviel zum ökologischen Aspekt des Leitbildes. Kann nun der ökonomische Aspekt mit gleicher Verbindlichkeit gefordert werden?

Wettbewerbsfähigkeit ist gegeben, wenn die Arbeitsproduktivität so gross ist, dass der Landwirt aus dem monetären und naturalen Erlös unter normalen Arbeitsbedingungen ein befriedigendes Einkommen erzielt, eine

soziale Anerkennung findet und letztlich in seiner Arbeit eine Sinnerfüllung sieht. Wegen der Schwierigkeiten, diese Ziele aus dem Produkteerlös zu erreichen, gibt es eine Anzahl Direktzahlungen, die den Bergbauern als Entgelt der Produktion öffentlicher Güter ausgerichtet werden. Unter Einbezug beider Einkommenskomponenten soll nach der Leitbildforderung der Landwirt nun ein Einkommen erzielen, das vergleichbar mit den Einkommen seiner dörflichen Nachbarn sein soll. Diese Forderung ihrerseits ist wieder nur erfüllbar, wenn der Betrieb eine Grösse aufweist, bei der die eingesetzten Maschinen und Gebäude gut ausgelastet sind und sich dadurch eine befriedigende Arbeitsproduktivität der mitarbeitenden Personen ergibt. Aus den öffentlichen Buchhaltungserhebungen der Eidgenössischen Forschungsanstalt für Agrarwirtschaft (FAT) ist bekannt, dass bei Standardbetrieben im Berggebiet diese Grösse auch dort bei rund 20 Hektaren bzw. Grossvieheinheiten liegt. Werden diese Anforderungen wesentlich unterschritten, so sind Gebäude, Maschinen und Einrichtungen zu wenig ausgelastet. Dann verdient der Landwirt wirklich zu wenig oder aber er kompensiert diese strukturellen Schwächen durch einen zu grossen Arbeitseinsatz, der nicht mehr normalen Arbeitsbedingungen unserer Zeit entspricht. So bleibt keine Zeit mehr für soziale Anlässe, und die Sinnerfüllung an der Arbeit geht ebenfalls verloren. In solchen Situationen werden Söhne und Töchter mit grosser Wahrscheinlichkeit nicht Nachfolger auf dem elterlichen Betrieb. Daher ist es so wichtig, dass die technischen Einrichtungen, die Maschinen und Gebäude auch auf den Bergbetrieben immer wieder erneuert werden. Dazu kann der Staat, wie weiter oben dargelegt, finanziell mithelfen. Zudem sind gut strukturierte Betriebe weniger krisenanfällig und überleben gelegentliche Markteinbrüche ohne finanzielle Notlage.

Es bleibt noch die Frage zu beantworten, ob nicht Nebenerwerbsbetriebe dem Leitbild besser entsprechen würden. Hierzu ist vorerst klar zwischen Zuerwerbs- und Nebenerwerbsbetrieben zu unterscheiden. Bei den Zuerwerbsbetrieben handelt es sich um landwirtschaftliche Haupterwerbsbetriebe, die existentiell von der Landwirtschaft leben und nur einen relativ kleinen Einkommensanteil ausserlandwirtschaftlich verdienen, zum Beispiel bei Tourismusarbeit im Winter. Für diese Betriebe gilt das vorher Gesagte. Die Nebenerwerbsbetriebe andererseits leben zu einem existentiellen Anteil von nichtlandwirtschaftlicher Tätigkeit, statistisch zu über 50 %. Beispiele dafür sind etwa Fabrikarbeiter im Wallis, Wildhüter, Wegmacher und ähnliche Berufe. Für diese Person gibt es nicht beliebige Nebenbeschäftigungsmöglichkeiten; vielleicht eben nur eine landwirtschaftliche. Der Verdienst aus dieser landwirtschaftlichen Tätigkeit ist dann auch nicht ausschlaggebend für den Haushalt. Somit ist die Nebenerwerbslandwirtschaft direkt abhängig von der örtlichen oder regionalen übrigen Wirtschaft. Wenn die dortigen Beschäftigungsmöglichkeiten stabil sind, kann die Nebenerwerbslandwirtschaft in vielen Fällen über ein Berufsleben einer Person andauern. Selten jedoch findet diese einen Nachfolger. Somit muss die Nebenerwerbslandwirtschaft im Alpenraum bezüglich des Leitbildes der Ökologischen Wettbewerbslandwirtschaft zumindest als instabil beurteilt werden.

Zusammenfassend lässt sich daher sagen, dass das Leitbild der Ökologi-

schen Wettbewerbslandwirtschaft mittel- bis langfristig auch im Alpenraum seine volle Berechtigung hat. Im einzelnen mögen Betriebe von
unseren allgemeinen Standardbetrachtungen zwar abweichen, aber die
Kriterien der ökologischen und ökonomischen Anforderungen werden
auch diese erfüllen müssen, um langfristig zu überleben.

6. Politökonomische Probleme bei der Umsetzung von an sich nachhaltigen Lösungsvorschlägen

In diesem letzten Teil muss die Frage aufgeworfen werden, auf welche
möglichen Hindernisse die Umsetzung der oben dargestellten Konzepte
stossen könnten. Im zweiten Kapitel haben wir festgehalten, dass eine
strukturverändernde Grundströmung durch die Agrarpolitik nicht zu
beeinflussen ist. Im dritten und vierten Kapitel haben wir gezeigt, dass die
neue Agrarpolitik durch die verschiedenen Direktzahlungen mittelfristig
grundsätzlich den Nachhaltigkeitskriterien gerecht wird. Im fünften Kapitel zeigten wir, dass das Leitbild der Ökologischen Wettbewerbslandwirtschaft an sich für die Landwirtschaft des Alpenraumes auch Gültigkeit
hat. Wir haben aber möglicherweise politische Verteilungskonflikte über-
gangen, weshalb wir darauf in diesem Kapitel explizit eintreten.

Um mögliche politische Spannungsfelder aufzuzeigen, greifen wir
zurück auf die drei Komponenten der Nachhaltigkeit. Während wir oben
fragten, ob der Erreichungsgrad der Ziele verbessert werden konnte, fragen wir hier, welche möglichen Konfliktfelder zwischen den einzelnen
Zielen einer nachhaltigen Landwirtschaft im Alpenraum im Wege stehen
könnten. Als „Friede mit der Natur" bezeichnen wir die Beziehung zwischen den ökonomischen und ökologischen Zielen (Jörin 1996). Vor dem
Hintergrund der vielen Umweltprobleme unserer Zeit - auch im Alpenraum - scheinen diese Konflikte zwischen Ökonomie und Ökologie un-
überwindbar. Anderseits haben Umwelt-Ökonomen gezeigt, dass ihre
Theorien und Prinzipien auch auf Umweltgüter als knappe Ressourcen
anwendbar sind. Man müsse also nur die richtigen Massnahmen im
richtigen Ausmass ergreifen, um eine wohlfahrtstheoretisch optimale
Menge an Umweltgütern zu erreichen. Dieser Weg ist durch die oben
beschriebene Agrarpolitik 2002 grundsätzlich in die Wege geleitet worden. So sind etwa mit den Flächenbeiträgen zur Verhinderung von zu viel
Brachland gute Erfolge zu verzeichnen (Anwander et al.). Die Achse, die
als „Sozialer Friede" bezeichnet wurde, ist der alte Grundkonflikt zwischen Allokations- und Distributionszielen. Wenn also die Ökologische
Wettbewerbslandwirtschaft wegen Liberalisierungen auf den Agrarmärkten einen starken Strukturwandel verlangt, um wettbewerbsfähig zu
werden, kann dieses Tempo Menschen und soziale Dorfstrukturen über-
fordern. Es kann zu Unterbeschäftigungen kommen. Es kann somit gute
Gründe geben, den Anpassungsprozess abzufedern bzw. diesen sozialverträglich zu machen. Bezogen auf unsere Aussagen im dritten Kapitel ist
zu sagen, dass es einen optimalen Mix zwischen Strukturanpassungshilfen
und sozialer Abfederung durch Direktzahlungen geben muss. Es wäre
jedoch nicht konzeptgerecht, mit (zu) hohen Preisstützungen den
Produzenten falsche Allokationsanreize zu geben, die sie in wenigen
Jahren erst recht in Schwierigkeiten brächten. Die Direktzahlungen ihrerseits dürfen aber auch nur so hoch sein, dass sie den Strukturanpassungs-
prozess nicht bremsen, sondern wie erwähnt nur Verteilungswirkungen
haben.

Die Beziehung zwischen sozialen und ökologischen Zielen nennt Jörin
(1996) „Harmonie zwischen Mensch und Natur". Im Gegensatz zur Ökonomie, wo es um die Anreize geht, die von aussen her das Verhalten von
Menschen beeinflussen (extrinsische Motive), spielen in der Beziehung
Mensch/Natur innere Faktoren eine Rolle. Solche Einstellungen der
Menschen zur Natur werden mit sogenannten intrinsischen Motiven
erklärt. Sozialpsychologisch spricht man hier von Eigenmotivation, von
autochthonen Handlungen, dies im Gegensatz zu allochthonem oder
„fremdbestimmtem" Verhalten. Überträgt man diese Konzepte auf den
Alpenraum, so ist es evident, dass namentlich in der Schweiz sehr viel-
fältige intrinsische und extrinsische Verhalten nebeneinander existieren.
Insbesondere dürften viele Bürger im und ausserhalb des Alpenraumes
der reichen Kultur der Alpen grossen Wert beimessen. Nun ist natürlich
diese Kultur an bestimmte Wirtschaftsstrukturen und Traditionen
gleichermassen gebunden, wie etwa die Haltung von Ehringerkühen im
Wallis (Preiswerk 1986). Insofern befinden wir uns hier an einer interes-
santen Schnittstelle zur Agrarsoziologie, indem sich die Frage stellt, wie
der Strukturwandel das kulturelle Leben in Bergregionen beeinflusst. Die
Geschichtsforschung könnte uns diesbezüglich aufzeigen, wie die alpinen
Gesellschaften in früheren Zeiten mit solchen strukturellen Veränderungen umgegangen sind. Eine grosse Rolle dabei dürfte auch die
Tatsache spielen, dass heute die Familiengrössen sich jenen in den
Städten angepasst haben und in der Folge viele Dörfer kritische
Einwohnerzahlen bereits unterschritten haben. Daraus wiederum lässt
sich folgern, dass gewisse grössere Dörfer noch das Bevölkerungspotential
besitzen, ihre Werte in die lokale Gestaltung einer von ihnen geforderten
Nachhaltigkeit einfliessen zu lassen, während viele kleinere Gemeinden
bereits zu klein sind, um gestalterisch tätig zu werden und somit von den
Wertvorstellungen der Behörden abhängig sind (Häfliger und Rieder
1996). Welche Nachhaltigkeit bei diesen die geforderte und auch umge-
setzte ist, wäre noch zu untersuchen, da die Beamten bzw. die Politiker
diese ja mit Steuergeldern abgelten. Hier besteht ein interdisziplinäres
Forschungsgebiet, das weitere Grundlagen zu einer nachhaltigen Bergge-
bietspolitik liefern könnte.

Literatur
ANWANDER, S., S. BÜRGI, G. CAVEGN, L. MEYER, P. RIEDER, J. SALMINI: *Direktzahlungen an die
Berglandwirtschaft. Eine Gesetzesevaluation.* vdf, Zürich 1990
BAUR, P.: *Ökologische Direktzahlungen. Ein Diskussionsbeitrag aus ökonomischer Sicht,* in: *Agrarwirtschaft und
Agrarsoziologie,* Nr. 2. 1995
BAUR, P., S. ANWANDER UND P. RIEDER: *Ökonomie und Ökologie in der Zürcher Landwirtschaft,* vdf. Zürich 1995
BERNEGGER U.: *Die Strukturentwicklung der Berglandwirtschaft am Beispiel des Kantons Graubünden,
Ein Modell zur quantitativen Wirkungsanalyse agrarwirtschaftlicher Massnahmen.* Diss. ETH Zürich 1985
HÄFLIGER, H., P. RIEDER: *Optimale Regelungsebene: Fallbeispiel Kulturlandschaft. Synthese 27, Nationales
Forschungsprogramm 28,* Einsiedeln 1996
JÖRIN, R.: *Strukturwirkungen von Direktzahlungen.* Arbeitspapier ETH. Zürich 1996
PREISWERK, Y., B. CRETTAZ: *Das Land, wo die Kühe Königinnen sind,* Rotten-Verlags AG, Visp 1986
RIEDER, P., ROSTI, A., JORIN, R.: *Auswirkungen der GATT-Uruguay-Runde auf die schweizerische Landwirtschaft,*
Inst. für Agrarwirtschaft, ETH Zürich 1994
SERAGELDIN, I.: *Sustainability and the Wealth of Nations: First Steps in an Ongoing Journey,* Weltbank,
Washington 1995

Didier Ruef, 1961, wechselte nach abgeschlossenem Studium
der Wirtschaftspolitik das Metier und wurde nach einer Ausbildung
im International Center for Photography (ICP), New York, Berufs-
fotograf. In seinen Arbeiten konzentriert er sich in erster Linie auf
den Menschen, seine Umwelt und die vom Menschen geschaffenen
Umweltprobleme. Arbeiten von Didier Ruef sind in zahlreichen
Zeitungen und Zeitschriften der Schweiz und des Auslands
publiziert worden, so u.a. in *Time, The Independent Magazine, Life,
Le Monde, L'Express, L'Hebdo, Marie Claire (Italien), D (La Repubblica),
Der Spiegel, Das Magazin, Neue Zürcher Zeitung, Facts.*
Didier Ruef wurde für seine Bilder mehrfach ausgezeichnet, u.a.
mit dem Yann Geoffroy-Preis sowie am Nikon International-
Fotowettbewerb. Ausstellungen seiner Fotos u.a. im Musée de l'Elysée,
Lausanne, im Fotomuseum Winterthur und im Museu da Imagem
e do Som (MIS), São Paulo. *Bauern am Berg* ist sein erstes Buch.
Didier Ruef wohnt in Massagno-Lugano.

Ulrich Ladurner, 1962, übte zunächst verschiedene Berufe aus.
1985 entschied er sich für ein Studium der Geschichte und Politik-
wissenschaften. Nach dessen Abschluss war er sechs Jahre in
Wien für verschiedene Zeitungen und Magazine tätig, zuletzt beim
Wochenmagazin *Profil.* 1994 erhielt er den österreichischen
Claus Gatterer-Preis für sozial engagierten Journalismus. 1995 kam
er nach Zürich und arbeitete für das Magazin *Facts* im Ressort
Ausland. Er verfasste vornehmlich Reportagen über den Krieg
auf dem Balkan. 1998 liess sich Ladurner als freier Journalist
in Rom nieder.

Jon Mathieu, 1952, Historiker und Privatdozent an der Universität
Bern, hat sich in mehreren Publikationen mit der Wirtschafts- und
Sozialgeschichte des Alpenraums beschäftigt. Sein letztes, umfassendes
Werk, *Geschichte der Alpen von 1500 bis 1900. Umwelt, Entwicklung,
Gesellschaft,* erschien 1998 im Böhlau Verlag, Wien.

Peter Rieder, 1940, ist seit 1980 Professor für Agrarwirtschaft an der
ETH Zürich. Spezialgebiete: volkswirtschaftliche Aspekte des
Agrarsektors; nationale und internationale Agrarpolitik und -märkte;
agrarwirtschaftliche Studien über zahlreiche Entwicklungsländer
(Peru, Sri Lanka, Rwanda, Honduras, China, Bhutan u.a.).
1982-1992 Präsident der *Pro Raetia.*

Die Originalabzüge der Fotografien erstellte
Fausto Pluchinotta, Genf, auf Agfa-Papier MCC 111 FB

Redaktion: Ernst Halter, Aristau AG
Gestaltung: Consuelo Garbani, Locarno
Lithos: Color Lito System, Manno
Satz und Druck: Istituto grafico Casagrande SA, Bellinzona
Einband: Buchbinderei Burkhardt AG, Mönchaltorf

ISBN 3-907495-94-2

BASEL

Baden

Brugg

Delle

Porrentruy

Olten

Aarau

Delémont

Zü

Langenthal

Solothurn

Huttwil

Luzern

Biel

Lyss

Burgdorf

Malters

Schwarzenbg.

Eigenthal

aux-de-Fonds

Schupfheim

Wolfe

Le Locle

Neuchâtel

BERN

Langnau

Sarnen

Wiggen

Sörenbg.

E

Brünig

Me

Stö

Schwarzenburg

Thun

Kemmeriboden

Brienz

Meirin

Les Verrières

Fribourg

Habkern

Axalp

Schwarz

-waldal

Guggisberg

Interlaken

Grims

Yverdon

Ottenleue Bad

Spiez

Oberhornalp

Glet

Romont

Bulle

Oey

Reichenbach

Kienthal

Morbe

Fruttgen

Griesalp

Grimmialp

Adelboden

Fiesch

Bi

Lausanne

Chât. d'Oex

Gstaad

Belalp

Lötschberg

Vevey

Les Mosses

Lauenen

Blatten

Leysin

Le Sépey

Gsteig

Brig

Montreux

Pillon

Sierre

Visp

St-Gingolph

Les Diablerets

Ayent

St Luc

Stalden

Simplon

Corbeyrier

Chesières

Chalais

Vissoie

Aigle

Sion

Ayer

Ollon

Les Plans

Euseigne

Saas-Grund

Morgins

Bex

de Sion

Zermatt

Saas-Fee

Do

Troistorrents

Hte Nendaz

Mayen

Evolène

ÈVE

Champéry

C. des Ranches

Les Haudères

Gornergrat

Martigny

Sembrancher

Champex

Fionnay

Orsières